# 続 電話相談の実際 各論編

佐藤 誠・髙塚 雄介・福山 清蔵

（付）領域別紹介リスト

双文社

# はじめに

[電話と携帯電話]

　電話相談は、電話機が発明された時から始まったといわれている。電話機を発明したアメリカのグラハム・ベルが、初めて送ったメッセージの内容からそのように考えられている。彼は助手のワトソンに対して「ワトソンこちらへきて手伝ってくれ」と言ったという。このエピソードの真偽は不明であるが、極めて象徴的な言葉である。電話機が発明されたのは、1876年であるから、今から約130年ほど前のことである。日本に電話機が輸入され、使用されたのは、1877年（明治10年）である。それ以来、徐々に普及し、第2次世界大戦の後は、ほとんど各家庭に1台は設置されるようになった。しかし、それは固定式電話機である。そのような状況の中で使われていた電話は、事務的な内容の場合はともかくとして、極めて個人的な相談事やグチなどを言いたくて使う場合、他人のいない時をみはからって、または隠れるようにヒソヒソ声で話さなければならなかった。

　しかし、従来の固定式電話機は、機能も高度に改良され、持ち運びのできる移動式の「携帯電話」として、最近は爆発的に普及してきた。もはや他人の耳を気にする必要はなくなった。そのきっかけになったのは、固定式電話機の子電話であり、ポケベルであっただろう。そして今や、広帯域通信と国際取り次ぎのできる「第3世代の携帯電話」にまで進化してきた。しかし、このような急速な普及は、せいぜいここ10年間くらいの出来事である。この現象を、高度なIT産業の成果とか、便利さ追及の欲望の結果と見る見方がある。しかし、それだけだろうか。なぜならば、電話機はそれが固定式であれ移動式であれ、人と人とのコミュニ

ケーション手段としてのツール（道具）だからである。すなわち、対人コミュニケーションの在り方の変化が、携帯電話・ＰＨＳ加入者の急増をもたらしたといえる。現代の日本の社会現象の象徴のひとつとして、携帯電話があるといえよう。「パソコンおたく」とか、「ケータイおたく」と呼ばれる人達が現れたということである。

［対人コミュニケーションの変化］

　対人コミュニケーションの持ち方には、いろいろな方式がある。
① 　場所と時間を共有し、身体を接近させ、表情と音声を交わし合う対面
② 　時間を共有し、それぞれの場所で、音声を交わし合う電話
③ 　場所を固定し、時間はそれぞれの都合の良い時に、意志を伝え合う手紙・メール
④ 　場所も時間も共有しない、携帯電話のメール

　など、さまざまなコミュニケーションの在り方が存在する。そこには、お互いの得手・不得手があるだろう。そして、①から④へ向けて、お互いの人格的触れ合いが、希薄になっていくように思われる。また、④に近づくにつれて素顔を見せなくてすむ。

　最近、特に若者においては、①よりは②、②よりは③、そして最も多用されているのが④である。すでに①や②によって相手の実体を熟知した上で③や④を使ってコミュニケーションを図るのであれば、便利なツールといえよう。しかし、最初から③や④によるコミュニケーションは、極めて危険な事態を発生させやすい。すなわち、実像の見えない相手と深い関係を持ってしまうことになりかねないからである。この関係を仮想現実（virtual reality）という。姿・形も見えず、声すらも聞いていない相手に対しては、文字から想像するしかない。その文字すら、非個性的な機械文字である。そこにはいくらでも「狼が羊を装う」ことが可能な状態にある。出会い系サイト殺人事件などが生ずる所以である。

［非対面コミュニケーションとしての電話］

　時間と場所を共有し、直接的に身体を接近させ、表情と音声を交わす「対面コミュニケーション」以外の出会いの様式を「非対面コミュニケーション」という。その代表的な道具が電話である。いかにＥメールが普及し始めたといっても、日本の全人口における使用度の最大の道具は電話である。それだけに、電話を使った対人関係の持ち方については、今更考えたり学んだりする必要はないと思われがちである。しかし、実際はそうではない。新入社員研修で欠かせない訓練は、接遇の仕方と電話による対応の仕方である。まして、対人援助を目指す仕事をする人にとって、電話によるコミュニケーションのとり方を学ぶ必要性は大きい。

［電話相談員のトレーニング］

　対人援助活動を志す人は、だれでも２種類の訓練を受ける必要がある。ひとつは「自己認識」についてであり、ふたつには「他者理解」についてである。他者援助とは、援助する人と援助される人との関係性の上になりたっている。たとえ援助する人が、医師・弁護士・臨床心理士・ボランティア相談員であろうとも、自分の対応が相手に良くも悪くも影響を与えることに気がつかなければならない。いや、影響を与えるからこそ、援助になるのである。単に、知識や技術を与えるだけならば、ロボットの方がよほど効率が良いだろう。「援助者は完成された人格者でなければならない」などといっているのではない。自分の弱点・癖・傾向・優れているところなどについて、客観的に認識するように訓練を受ける必要がある。そして、もしも改善した方が良い部分がみつかったならば、気をつけながら援助活動をすれば良い。

　ふたつ目の他者援助の技法については、今は①情報を与えた方が良いのか、②本人が気づくのを待った方が良いのか、③徹頭徹尾、気持に寄り添いながら支える必要があるのか、などについて見立てをし、対応できるように、知識と技術を磨くのである。実際には、ひとりのコーラー

（coller：電話をかけてきた人）の1回の電話に対して、前記①〜③のいずれもが必要な場合が少なくないものである。

　「電話相談」は、沢山の有用性と問題点、効用と限界を抱きながら、決して無くならない対人接触のチャンネルであろう。

平成17年11月1日

続 電話相談の実際 各論編 ───── 目 次

## 電話相談の多様性 ——————————————————— 11
1. 専門的な電話相談 ……………………………………… 11
2. 非専門家による電話相談 ……………………………… 16
3. 電話相談の問題点 ……………………………………… 17
4. 電話相談の専門性 ……………………………………… 18
5. 電話相談とカウンセリングの違い …………………… 20

## 第1部　子育て・教育編 ——————————————— 23
はじめに ……………………………………………………… 23
第1章…子育て ……………………………………………… 25
第2章…乳・幼児 …………………………………………… 42
第3章…小学生・中学生 …………………………………… 51
　○参考資料 ………………………………………………… 71
第4章…発達障害を持つ（あるいは疑われる）子どもについての
　　　　電話相談 …………………………………………… 76
　○参考資料 ………………………………………………… 83

## 第2部　医療・福祉編 ——————————————— 103
はじめに ……………………………………………………… 103
第1章…医　療 ……………………………………………… 109
　1.「子宮筋腫・内膜症体験者の会」たんぽぽ ………… 109
　2.「精神科救急情報窓口の実際」……………………… 123
第2章…福　祉 ……………………………………………… 134
　1.「友愛電話　K会」…………………………………… 134
　2. 女性相談「女性たちのエンパワメント」…………… 144
　○参考資料 ………………………………………………… 159

## 第3部　産業編 ——————————————— 171

### 第1章…メンタルヘルスの維持と促進のための電話相談 …… 171
1．働く人を対象とする電話相談 ……………………… 171
2．働く人たちにはどんな悩みがあるのか ………… 172
3．メンタルヘルスとは何か ………………………… 174
4．働く人々の電話相談の原則 ……………………… 176
5．相談事例 …………………………………………… 178

### 第2章…産業カウンセリング ………………………………… 184
1．産業カウンセリング ……………………………… 184
2．産業カウンセラーの仕事 ………………………… 185
3．産業カウンセラーの育成 ………………………… 187

### 第3章…クレーマーに対する対応 …………………………… 190
はじめに ……………………………………………… 190
1．消費者の心理 ……………………………………… 190
2．クレーマーの心理理解 …………………………… 191
3．禍い転じて福となす ……………………………… 192
4．クレームが発生した時 …………………………… 194
5．Y新聞投書欄から ………………………………… 196
6．（例）H社における消費者対応部門担当者の研修内容 … 197
おわりに ……………………………………………… 198

## 日本いのちの電話連盟加盟センター一覧 ——————— 201

## あとがき

## 著者紹介

# 電話相談の多様性

## 1．専門的な電話相談

　数多くの電話相談機関が活動を繰り広げている中で、最近は特定の相談内容であるとか、対象者を明確にした範囲内での相談を受ける機関が増えてきている。「エイズ相談」「虐待防止相談」「いじめ相談」「セクシャル・ハラスメントの悩み相談」「年金の悩みに関する相談」「メンタルヘルスに関する相談」といったように問題を個別に掲げ、その内容についてのみの相談を受けるものもあれば、「教師」「シングル・マザー」「犯罪被害に遭われた方」「子育ての悩みを抱えるお母さん」「一人暮らしのお年寄り」「働く人々」といったように悩みの内容とともに、悩んでいる人を特定の対象ごとに絞って応じるものもある。

　「相談」とは言っても、電話をかけてくる人たちは、現に困っている具体的な事柄を解決する手がかりを得たいと思ってかけてくるものもあれば、精神的な不安や苦痛をもてあましてかけてくるものもあり、すべてを同列に置いて一律に対処するわけにはいかない。従って、「電話相談」というものを一くくりにして、どれも同じように対応すればいいというようにはならないはずである。もしも同じような対応でしかないとなると、あえて専門領域や対象ごとに異なる窓口を設置する必要もないということになる。

　相談を受ける立場にしても、公的な機関もあれば、民間機関ないしはきわめて私的な集まりであるものも多く、準拠する基盤は異なっている。さらに近年、ダイヤルＱ２であるとか、クレジット決済方式などを用いて、有料で相談に応じる電話相談機関も生まれてきている。限りなく広

がりを見せる電話相談機関の中で、どれを選んで相談をすれば、もっとも適した対応をしてもらえるのかという基準がわかりにくくなってきているのが今日的な状況であると言えるだろう。

　ただ、対象を絞って相談に応じている場合は概して、それぞれの問題に即して設置された専門機関であったり、専門的な資格を有する人たちによって構成されている集まりであることが多い。従って、そのような電話相談機関において相談を受ける人というのは、医師であるとか臨床心理士、保健師、弁護士、税理士あるいは教師など、何らかの資格や専門性を有する人たちであるだろうと理解されている。実際にそのような専門性を有する人たちが相談を受けている電話相談機関もある。しかし、必ずしもそうではない人達によって担われている電話相談が実際には多いということにも留意しておく必要がある。その傾向はとりわけ、精神的・心理的な悩みに対応することを掲げている電話相談機関に多く生じている。意外とも思えるそうした傾向はなぜ生じているのだろうか。

**専門家による電話相談への批判と抵抗**

　その理由のひとつは、精神的な悩みというものは、誰にでも起こりえるものであり、それは専門家の手によらなければはたして取り除くことはできないものなのであろうかという、素朴な疑問が存在していることによる。「心」の専門家というのが、どういう人をさすのかがおそらく判然としないからであろう。「心の病気」ということになるとなんとなく医者の領域として退いてしまうが、「最近気分が晴れない」というレベルならば誰でも経験することであるし、それならば少し人の話しを聞くのが上手い人がいれば、誰でも対応出来ると考えてしまうのだろう。事実、街角で手相占いをしている人も、高名な宗教家もそれなりに人の心の苦しみを取り除く役割を担っている。彼らは人の話しもよく聴いてくれるし、話す時には説得力もある。多くの人々が抱いている電話相談に対するイメージは、まさにそうしたものに同一視していることが少な

くない。そうなると「精神の病気」でなければ、別に「心」についての専門家である必要はないということになる。要は、聴き方と話し方がうまくなるように訓練すれば良いということになってくる。

　例えば、世の中にカウンセラーと称する人たちは、数多く存在するが、こうした「聴き方・話し方」の訓練を受けただけの人たちも実際には少なくない。しかし、こういう人たちは、病気か病気でないかという区別をどこでつけるのかということであるとか、病気とはされていないが、心に相当なひずみがかかっていると考えられ、現代社会に急増しているとされる「人格障害」と呼ばれる人々に向き合うことの難しさといったことをきちんと認識するための教育はされないまま、人の心に向き合うことになる。心の問題と向き合うことを掲げているにしては、何とも心もとないことになるのだが、そのような「誰でもカウンセラー」と軽いタッチでトレーニングされたカウンセラーたちが少なくない。それと同じ類の電話相談員による相談が現実には数多く存在しているのである。

　専門家が関わろうとしない理由をもういくつかあげておかなければならない。いささか批判的な指摘になるのだが、電話相談に対するある種のドグマチックな考え方が存在していることもそのひとつとしてあげておかなければならない。近年、次々と立ちあがる電話相談活動に対しては、しばしば批判も投げかけられている。それは「相談を受ける立場にある人間は、相談内容についての専門的な知識を有しているだけではダメである。」「専門家はとかく受け答えの仕方が極めて指示的であったり、事務的になりがちであり、相談を寄せる側の気持ちを汲んでいないことが多い。」そうならないようにするために、「電話での応答のし方についての勉強をきちんとしなければいけない。」「電話相談には独自の専門性があるのであって、面接で相談するのとは違う。」「例えカウンセリングの勉強をしてきた人であってもそのまま電話相談が出来るわけではないのだ。」などの苦言が呈せられる。つまり、電話相談を受ける人たちと

いうのは、相応の訓練を経ている人間でなければならないと言うのである。どういうわけか、電話相談は指示的になったり指導的になってはいけないという考え方で貫かれているのだが、この指摘が、多くの専門家たちを電話相談に出ることをためらわさせることにもなっている。ここで言うところの訓練とは、まさしく「聴き方・話し方」に集約されてしまう訓練なのだが、臨床現場における「聴き方・話し方」というのは必ずしもひとつのパターンに集約されるものではない。臨床の現場を知る者たちからすると、こうした教条主義的な指摘に対しての戸惑いを隠せないことになる。

　一方、専門家たちにもまた、電話相談を行うことに対する抵抗が存在している。専門家たちはその養成課程において、面接によるカウンセリングを行う際における構造化の大切さを厳しく教えられているものが少なくない。そしてまた構造化することの難しさも認識させられる。そうした訓練を受けた者の感覚からすると、構造化しにくい電話相談というものに関わることに対するためらいが起こりやすい。臨床心理士のように心理療法的なカウンセリングのトレーニングを受けた専門家たちが、電話相談に出ることをためらうのは、主としてこうした理由によることが少なくない。

　筆者には電話相談の専門性というのが具体的に何をさすのか正直なところよくわからないし、この種の批判には、わが国における専門性というものに対して寄せられる偏狭さとコンプレックスが潜んでいることが多いとも感じている。

　実際には、具体的な悩みを抱えている人たちにとっては、ここで批判をされているような電話相談機関に相談をしたことによって、何らかのダメージを受けたというよりもむしろ、専門家と呼ばれる人たちから具体的で、かつ明確な判断基準を示されたことで（それは時として指示的であったり指導的でもあったりするのだが）、はじめて問題の根にある

ものが理解出来、精神的に安心することが出来てホッとしたと語る人も多い。そのような反応を示す人たちが少なくないことを知るにつれ、専門家と呼ばれる人たちが、必ずしもオーソドックスな電話相談の対応（？）をしなかったとしても、訓練を受けていないのだから電話相談には手を出すべきではないなどということを言うことは出来ないと思っている。

　構造化という問題について言うならば、コミュニケーションの媒介方法が異なるのであるから、対面式のコミュニケーションにおける構造の考え方をそのままもってきても仕方がないであろう。無構造という構造にどう臨むかも、臨床家にとっては大切な課題であるはずだ。それは例えとしては適切ではないのかもしれないのだが、大規模災害等の発生時に被災現場に設けられる緊急救護所の活動や、戦争下における野戦病院においてとりあえずの応急処置を行ない、根治治療に向けるための適切な判断を短時間に決する行為にも似ていると考えられる。清潔で最新の医療器具や薬品などの完備された病院で行なう治療とは明らかに異なるものである。臨床家というのは、カウンセラー側が主導権を取って形成をする構造化というものに素直に収まる患者であるとかクライアントと、そうなりにくい対象が現実には存在しているという認識から持たなければならないのであって、そのどちらにも対応出来るのが、本当の意味での臨床の専門家であるはずである。今の実態はともすると、構造化しやすい相手（比較的対処しやすい）は専門家が引き受け、構造化しにくい相手（対処しにくい）を非専門家が引き受けているという妙な状況がともすると見られる。

　どちらにしてもきちんとした相談対応を必要とするケースが増えてきていることからすれば、専門性の高い正確な知識と技術が求められていることは間違いないのであるから、専門家と呼ばれる人たちが、構造化が難しいからと言って、電話相談を行なうことに対して躊躇するのは、筆者からするとある種の怠慢とすら思えてくる。

## 2．非専門家による電話相談

　このように専門家たちが電話相談に出ることを躊躇する一方で、同じような悩みを抱えている人たちが、今度は相談を受ける側にまわるという、いわば自助グループ的に相談を受ける組織なども目立つようになってきた。この場合は、専門領域に関する相談を非専門家が受けるという形となる。相談を受ける側は、自らの経験に基づくアドバイスをしたり、どういうところに行けば、親身になって相談に応じてもらえるかというインフォメーションを与えるといった、かなり直截的な対応をしていることが多いようではある。経験ある人の言葉というのはそれなりの説得力を持つものであり、頼りにする人も少なくないのだが、この種の電話相談に関するケース検討会などに参加してみると、自らが困難を克服したという自負心も手伝ってか、指示的とは言えないまでも、かなり押し付けがましい応答をしていると感じさせられることも少なくない。その点、テレビやラジオなどの番組で行なわれている人生相談とどこか似ている。こうした相談を受けている人の中には、経験しているからこそ真実がわかるのであって、経験がなければどんな専門家の言うこともあてには出来ないと豪語する人もいる。確かに一面の真実をついてはいるのだが、藁をもすがる思いでいる人たちに対して、一方的な情報や認識を与えてしまう危険性もはらんでいる。

　ところでよく、専門家は指示的であって自説を押しつけるということを耳にするが、はたしてそうなのであろうか。真の専門家というのは実際は謙虚であって、けして自説に拘泥した押し付けなどはしないものである。専門家が指示的になるよりも、ここで指摘したように、専門家ではないのだが、専門的にふるまおうとする時に、むしろ指示的な言葉になりやすいという情景を目にすることがある。要は、専門家であろうとなかろうと、自らの経験の枠に固執する人間ほど指示的になりやすいも

のなのであろう。経験に基づく助言というものは大切ではあるが、受ける側にはそれしか頼れるものがないのであるから、その点は充分に留意しておくことが必要である。

　ただ、専門性の有無に関わらず、経験に基づく助言を行なうということは、そんなに不自然なことでもなく、かつての日本社会には当たり前のように存在していたことである。お互いに支え会う「互助」という感覚があたりまえのように幅をきかせていた社会においてはとりたてておかしなことではなかった。町内の世話好きというのは大体そういう役割を引き受けていたのであろう。近年、「自助」という言葉が重んじられる一方で、互助という言葉があまり注目されなくなっている。いわゆる世話好きも煙たがられる存在になってしまった。しかし、そうしたご意見番的な人たちを求めている人は今でもいる。今では、電話相談にそうした役割を求めてかけてくる。電話相談が現代版の井戸端会議的な役割を担いつつあるのかもしれない。筆者は以前はそうした電話をあまり評価していなかったのだが、最近はそうした電話相談もまた意義あるものであることを認める気持ちに傾きつつある。ただ、何度も繰り返すが、押し付けがましくならないように自制することは忘れてはなるまい。

## 3．電話相談の問題点

　これらの電話相談と比べて、いささか曖昧であり、中途半端な対応をしていると思うことがあるのが、カウンセリングについて少し勉強をした人たちが、その実践の場として、電話相談に関わろうとする場合である。とりわけ専門性が高く求められる領域に関わろうとする場合に問題が起こりやすい。電話相談員になるための訓練としても、実はカウンセリングの技法を学ばせることが多いのだが、それも本当は見直さなくてはいけないと思うことが少なくない。受け応えの仕方として、カウンセリングにおける技術的側面を重視するトレーニングを、そっくりそのま

ま導入した形で行ない、それが電話相談員の受け応えのマニュアルであると考えてしまう。この種のトレーニングの効用というものを否定はしないが、電話相談＝カウンセリングではないということがきちんと理解されないまま、実際の電話相談に出ることが多くなりやすいということにはあまり注意が払われていない。そのため、どんな電話相談に対してもカウンセリング的に対応してしまおうとする。

　平木は、相談という行為の中には、個人的な経験に基づく「アドバイス」、専門的な根拠に基づく「コンサルテーション」、そして、自己決定能力を育てる「カウンセリング」があることを指摘している。実際のところ、電話相談においてはすべてのコーラーがカウンセリングを求めているわけではない。相手が求めているのは相談員の経験に基づく「アドバイス」であったり、専門家としての判断による「コンサルテーション」であったりすることも少なくない。目の前にある問題はひとまず横に置いて、その人の自己成長をめざすことに主たる目的を置くのであれば、それは紛れもないカウンセリングであって、そのように対応することは大切である。しかし、カウンセリングを受けたいと思っているわけではない人に対して、受けとめる側が一方的にカウンセリングをしようとするのは、傲慢な対応であるとされかねない。相談を受ける側の人間は、相談する人間は誰でもカウンセリングをしてもらいたいと思っているわけではないという、あたりまえの事実を認識することが大切である。

## 4．電話相談の専門性

　いずれにしても、分野や対象が限定され、専門分野ごとに相談を受ける機関が増えてきたとは言っても、その目的や対応の仕方はかなり異なっているのが現状である。しかし、先にも指摘したように、利用する側からするとその違いというものがなかなかわかりづらい。公的ないしは専門分野の人たちが開設する機関と、私的もしくは民間機関とでは違うの

ではないかと漠然と考えている人もいる。しかし、必ずしもそうとは言えない。先に述べたように、専門機関であっても、電話相談で実際の相談に応じているのが、必ずしもその領域の専門家であるとは限らないからである。病気のことならば医師が、心理的な問題ならば心理学の専門家が、教育の問題ならば教育の専門家が受けるようになることこそ、利用者の側からすれば望んでいることのはずなのにそのようにはなっていない電話相談が現実にはたくさん存在している。その理由は、多くの専門機関が「電話相談の訓練を受けたことのある電話相談の専門家」を採用したり委嘱したりしている例が少なくないからである。その結果、どこの電話相談にかけても、同じような対応しか返ってこないということが起こっている。よく話は聴いてくれたが、さて自分が直面している問題の解決には何が得られたのだろうかという不満が生じてくる。これは、電話相談の常連とされる人たちから、電話相談とは別の臨床の場において幾度となく聞かされる言葉である。

　面接とは違った認識のもとで受け答えを進めなければならないという点では、確かに電話相談に求められている特有の技術的なものが存在しているということは出来る。だが、そうした技術力を高めたことによる専門性と、専門的な助言を得たいと希望して専門機関に電話をしてくる人たちが求めている専門性とでは違うはずである。利用者の側からすれば、別に電話相談の専門家に相談をしたくて電話をかけているわけではないということを、電話相談に従事する人たちはしっかりと認識しておくことが大切であろう。

　これから紹介する、働く人々からかかってくる電話相談の場合は特に、そうした理解のもとに対応していかないと相手に強い不満と不信感を抱かせてしまうことになりやすい。

## 5．電話相談とカウンセリングの違い

　現実の電話相談機関での対応の多くが、カウンセリング的な考え方や技法を準用して対応している。従って、電話相談の専門家とされている人たちは、カウンセリングが出来る人という認識が強いようである。電話相談は実際には、カウンセリングとは一線を画すものであるにもかかわらずである。（前著「電話相談の実際」拙稿を参照）

　カウンセリングにはコミュニケーション技法的な側面があるのだから、相手の話を聴く上で参考とすべきことは多々あることは否定出来ない。特に、わが国においてはカウンセリングという行為に対して、技術論としての側面が強く認識される傾向がある。そのために、カウンセリングの勉強というものは、聴き方・話し方といったコミュニケーション技法を高めることに終始しがちなところがよくある。技術であるならば、ある程度の資質さえあれば、訓練を積み重ねていくことによって、技術力を高めることは可能である。そうであるとすれば、カウンセリングを学びコミュニケーション能力を高められた人間であるならば、電話でのコミュニケーションも上手くいくに違いないと考えられているのかもしれない。

　しかし、コミュニケーション技術の能力が高められたからといって、カウンセラーとしてやっていけるのかというとそうではない。相手の自我水準を見極め、悩みの背景を分析し、出口となる状況変化や人格変容といったものがどの程度期待出来るかなどを判断する、いわゆる「見立て」の力を育まなくては、カウンセリングは出来ない。「見立て」なくしてカウンセリングをするということは危険でもある、そうしたハードルを越えられた者のみが、カウンセラーとしての責任をはたすことが出来るという認識がわが国においては残念ながら薄い。にもかかわらず、「聴き方・話し方」の「傾聴訓練」を積んできたのだから、面接をする

カウンセラーには当面なれなくても、電話相談員であれば出来ると思うという答えが返ってくることが多い。電話相談をカウンセリングの支流のように考えてしまうのであろう。

　筆者は、漠然とした悩み相談、言うならば先にあげた「人生相談」的な相談を受ける人ほど、きちんとした聴き方・話し方が出来るにこしたことはないと思っている。そのためには、そうした訓練をきちんと受けた方が良いとも思っている。しかし、その訓練はカウンセラーになるためのものではない。「人生相談」はカウンセリングをすることとは違う。人生相談には相談を受ける側の人間的な幅の広さとか、経験の豊かさというものが求められやすい。さりとて、人生相談をするにしても一方的であっては相談をもちかけにくい。落語に出てくるご隠居さんのように相手の話を的を外すことなく聴くことが大切である。だからこそ傾聴訓練をする意味は大きい。ところが、そうした訓練を受けた人間ほど、自分はカウンセリングをしたいのであって、人生相談のようなことはしたくないと言う人が多い。どんな悩みでもお聴きしますといった「よろず相談」的なものに関わると言いながら「傾聴訓練」を積んだとたんに、セミ・カウンセラーとでも呼ばれるような気持ちになり、カウンセリングはするが、人生相談はやらないとする考え方にはあまり賛成出来ない。そろそろそうした訓練を受けた人たちの中から、あえて「人生相談」であることを堂々と看板に掲げる電話相談機関が生まれてきてもいいのではないかと近頃は思っている。

　いずれにしても、目前にある具体的な悩みを抱えて、何とかしてその状況から脱出したいという思いで電話相談に電話をしてくる人たちに向き合う時に、ただ単に受け答えが上手いというだけでは通用しないし、納得させられないことがしばしばある。直ぐ近くで暴れている子どもに脅えている母親、リスト・カットをして血を流している子どもの傍らで、なすすべもなく途方にくれている母親に対して、しなくてはならないの

はただ聴くことではない。具体的な対処法を指示し、危機状況から脱出させることをしなくてはならない。それもただ感情的にならず冷静に事態を把握した上である。その上で、ここでは経験に基づくアドバイスをしてあげれば良いのか、それとも専門的な見地に立ってのコンサルテーションをすべきであるのか、あるいは本人の気づきと自己決定を助けるカウンセリングをしていくことが求められているのかを判断しなければならない。そうした瞬時における判断の是非が問われることが少なくない。それが可能な人材を受話器の向こうに配置してこそ専門機関であると言えるのだろう。

# 第1部　子育て・教育編

## はじめに

　子どもは誕生してから、親をはじめとしていろいろな人に出会い、その関わりを通して沢山の発見をし、時に戸惑い、心が迷子のようになったりしながらも人として成長していく。それは親やまわりの大人にとっても同様で、子どものいる幸せの只中にあっても同時に育児の負担感を感じたり、子どもが理解しにくくなったり、対応に苦慮したりということも出てくる。そのことに向かい合う中から、親の成長もあり、親子の関係性もまた変化していく。

　そのような子どもや親の相談を受ける者は、ある意味でピンチといえる状況を成長のチャンスに変えていけるような聴き方や対応が出来ることが求められる。

　子どもを取りまくニュースは、離婚家庭の増加、虐待の増加、キレる子ども、少年犯罪の低年齢化など、深刻な状況を伝えているが、一方で保育園待機児童の解消の努力やスクールカウンセラーの配置、親による子育てネットワークつくりなど、行政だけでなく、市民自らの努力もなされている。

　この子育て・教育編では、乳幼児から思春期までの子どもについて相談の中でよくよせられる例を挙げ、次に支援する上で考えてみることを述べ、そのような相談について紹介できる代表的な機関等についてとりあげる。

　また、その他にも身近なところに、思わぬ相談相手がいることもある。

　最後に事例を通じて取り上げた代表的機関のほかにも、紹介可能なところ・身近な相談相手をあげてみた。

各機関の詳しい情報については、それぞれの機関に問い合わせて頂きたい。また、コラムでは、日ごろの相談の中でのつぶやきや有用と思われるもの等をとりあげてみた。ちょっと一休みのつもりでお読み頂ければ幸いである。

## 第1章　子育て

### ⑴子育てによくある戸惑い

―― **よく寄せられる事例** ――

初めて子育てをしている母親にとって「子どもに泣かれると辛くって」「おむつがまだ取れない」「ご飯を食べてくれない」など、日常のことが悩みになり、戸惑っていることがよくある。例をあげてみよう。

「2〜3週間前から急に泣きわめくようになった、今まで素直にしていたことも、イヤーッと拒否してやらない、どうなったのだろう、自閉症では？」と、若い母親がオロオロして電話してきた。生育歴や日々の様子を聞いてみても、発達の遅れや問題はない様子。自己主張を始めたのかと思い母親に聞いてみると、「反抗期について知らなかった」という。そのため、異常な行動が急に始まったと誤解し、とても心配したという。

**支援をする上で、考えてみること**

若い母親の多くは、結婚によって親戚や知人から離れ、なじみのないところでの新しい生活の中で出産、育児を始めている。初めての子育てでは、良い母親になろうと一生懸命に世話をしているのに、泣き止まない我が子の泣き声が「貴女はダメな母親」と責めているように聞こえてしまうというようなことがある。育児生活への適応を支援するという上で、地域にある支援機関やそこにいる支援者の情報など、近くに育児を支え見守ってくれる人たちがいることを伝えることが、日々の子育てへ

の守りになる。

　どのような情報を伝えるかについては、相談者の訴えを聴きながら「親の仲間作りの支援」が必要なのか、「親と子の遊びの場」が必要なのか、「子の成長・発達について聞いてくれる場」「子育てに関する不安への支援」が必要なのか、相談者に何を求めているのかを確かめながら判断することが大切である。

### どんな機関が利用できるのか
　　　　　　　―どのような支援が受けられるのか―
**「子育てひろば」** 問合せ先；自治体の児童課など
　場　所；「児童館」や「保育園」などで午前中開いている。
　内　容；「地域の中の仲間作り・遊びの場」である。
　　　　　遊びの場としては"見守りの職員がいる公園"
　　　　　安全な中での遊びを通して、"気の合う仲間を見つけ"
　　　　　年令の近い子に出会い"子どもの発達を知り"
　　　　　親同士で"子育てについて情報交換が出来る"
　　　　　職員がそばにいて"世間話や、子育て相談ができる場"
　　　　　であるので、人見知り気味の親にとっても、公園に一人出てゆくより気楽な場になっている。
　　　　　「子育てサークル」や「子育てに関わる講座」なども子育て支援を行っている。
　　　　　「児童館」では、母親が自主的に運営する"親子サークル"もあり、子育ての話や、いろいろな行事を行っている。
　職　員；場を見守り、子育てについての相談が出来る人。
　　　　（元保育士、元看護師など自治体によって違いがある。）
**「子ども家庭支援センター」** 地方公共団体が行っている子育て支援事業で、子育てに関わる相談を行っている。

「健康センター（健康課）」には医師・保健師・心理職などが居り、発育の健診と健康や育児の相談を行っている。
「図書館」では絵本読み聞かせのサークルなどがあり、子どもと共に活動し、絵本を媒介に親同士も仲間を作ることができる。

### (2)子育て中の生活支援、経済的支援

― **よく寄せられる事例** ―
「二人とも実家が遠く、夫も仕事で忙しい。いつもはいいけど、時々自分が病気になったらどうしようと、心配になる。そんな時預かってもらえるところがあるんですか？」
「子どもが小さいとミルク代や医療費など何かとお金がかかる。援助してもらえる制度があったら教えてほしい。」

**支援をする上で、考えてみること**
子どもが小さい時は、人の手もお金もかかる時。
様々な訴えの相談も場合によっては、子育ての手助けや経済的支援があれば、それほど深刻化しなかったり、ひと息ついてゆっくり考えられたりすることもある。
支援の制度は全国一律のものもあるが、多くは自治体によって対象や内容も異なり、また自治体独自のものもある。制度をよく調べ、問い合わせて、上手に活用する事もひとつのポイント。なお、給付を受けるには申請が必要である。

**どのような制度があるか**
①**生活支援**、……子どもを預かってほしいとき
問合せ先；ファミリー・サポート・センター、子ども家庭支援センター、
　　　　　自治体担当窓口

「ファミリー・サポート・センター」
　「子どもを預かってほしい人」と「子どもを預かりましょう」という人を会員登録しておき、必要な時に子どもを預かってもらう地域の中の子育て相互援助事業。
　活動内容は、保育所までの送迎、急な残業や用事のある時や保育所・学童保育終了後の預かり等。
　預かってほしい会員は「依頼会員」「お願い会員」等と呼ばれ、預かりましょうという会員は「援助会員」「協力会員」「お助け会員」等とよばれており、預かりは原則として援助会員の家庭で行われる。活動は他にも交流会など様々なものがある。P31コラム参照。
「ショートステイ」
　保護者が病気・出産・出張等で子どもの養育ができない時、児童福祉施設等で短期間子どもを預かる。宿泊可能。
「トワイライトステイ」
　保護者が残業等で帰宅が遅い事が多い場合、児童福祉施設等で17時以降22時まで夕食・入浴の提供などの生活の援助をし、子どもを預かる。登録制が多い。
　その他にも「**病後児保育**」「**産後支援ヘルパー**」「**一時保育**」等があるところもあり、サービスの状況や内容などは各市区町村で異なる。
　また、保護者がいない、保護者が病気等で長期間養育できない場合は、「**乳児院**」「**児童養護施設**」「**里親**」に預けることができる。窓口は児童相談所。

②**経済的支援**……手当、助成制度
「**児童手当**」問合せ先；自治体福祉担当窓口
　厚生年金、共済年金または国民年金に加入している小学校3年生までの子どもの養育者に、全国一律で支給される。所得制限がある。

**「乳幼児医療費の助成」** 問合せ；自治体福祉担当窓口
　子どもの保険医療費の自己負担分を、助成する制度。所得制限・対象年齢・内容等は、自治体により異なる。
**「出産育児一時金」** 問合せ先；社会保険の時は勤務先の会社。国民健康保険の時は市区町村担当窓口。
　健康保険の被保険者、または被扶養者が出産した場合に支給される。

### ③ひとり親への支援
　ひとり親とは、死別・離別・未婚で配偶者がいない場合等の他、配偶者が重度障害等の場合も含まれる。
　支援は母子家庭の場合のみのものもある。
　問合せ先；母子自立支援員（母子相談員）、各自治体担当窓口。
　**母子自立支援員**……ひとり親家庭の強い味方
　母子自立支援員は母子家庭等を対象に家庭紛争、児童の養育、結婚、母子・女性福祉貸付金の貸し付け等の経済上の問題、就業、住宅等の生活上の問題についての相談指導を行っており、ひとり親家庭の強い味方となっており、都道府県に所属している。

　**生活の支援**
**「母子生活支援施設」** 子どもの養育が充分にできないと判断された場合に、母子ともに入所し、支援を受けられる。
**「ホームヘルプサービス」** 就職活動、出張、病気などの時、保育・家事援助等のサービスが受けられる制度。

　**経済的支援**
**「児童扶養手当」** 18歳までの子どもを養育する母子家庭に支給される。所得制限あり。
**「母子福祉資金」** 母子家庭に、修学資金・就学仕度資金・技能習得資金等、用途に応じて、資金の貸し付けを行う。

「**ひとり親家庭医療費助成**」
　保険医療費の自己負担分等に対して、助成される制度。自治体により、内容が異なる。
　その他に、自治体では、水道・ゴミなどの料金の減免などを、独自で行っているところもある。

### ④障害のある子どもへの支援
　障害が心配される時は、P42、P43を参照。
　障害かわかった時、受けられる支援をとしては以下のものがある。
　問合せ先；自治体の保健・福祉担当窓口。
「**生活全般の支援**」公共交通機関の割引、公営住宅への優先入居の他、自治体により水道・ゴミ等の料金の減免が受けられる。
　ほかにも福祉サービスや手当・医療費の助成制度などについては福祉担当窓口に問いあわせるとよい。

第1章　子育て

### 子どもの成長とファミリーサポート

　子どもの生活に、昔はあって今はないものに「道草」と「誰かわからないお客さん」がある。

　誰かわからないお客さんとは、遠縁のおじさん、町内のおばさん、親の従兄弟の子ども、お父さんの郷里の知人などで、子どもから見ればよく知らない人が訪ねてきたり、ときには住み着いていたりして外の空気を運んでくれた。

　そのような中で子どもはいろいろな言葉や考え方、生活のスタイル・生き方にふれることができる。子どもなりに、親とは違ったそのような身近なモデルの存在は、ああしたい・こうなりたい・そのようなやり方もあるのか、とあれこれ考えるきっかけになった。

　現代の子どもは、核家族単位の生活が多く、その良さもある一方で、上記のような経験をする機会は少なくなった。

　ファミリーサポート事業は、子育て支援を目的として作られた会員同士の相互援助組織であり、多くの子育て中の親支援になっていることは言うまでもないが、預けられる子どもの側からすると、どのように体験されているのであろうか。

　援助会員さんが依頼会員の子の賢ちゃんと公園に散歩に行く姿を見かけた時、依頼会員の子の裕香ちゃんが「今日小池さんちにいくの、おじちゃんがね、面白いお話してくれるんだよ」と話してくれた時、もしかしたらファミリーサポートの活動は、昔あった沢山の身近なモデル同様、子どもの成長に豊かなものをもたらすという、思わぬ素敵な効果があるのではないかと感じている。

### (3)育児ストレス・家族の問題

> **よく寄せられる事例**
>
> 「子どもがいうことをきかない。怒ってもまつわりついてくるので、うっとうしい。こんな日がずーっと続くかと思うとやりきれない。」
>
> 「子どもは待望の子どもで、生まれた時は、とっても嬉しかった。でもこどもはかわいいけど、そう思えない時もあって、主人は考えすぎだよっていうんですけど、母親失格って思って自分を責めてしまうんです。」
>
> 「実家の母が子どものことで、何でもいちいち干渉してくる。大変な時手伝ってはくれるけど、うるさい。昔からそうだった。いろんなことを思い出して腹が立ったり、悲しくなったりする。」
>
> 「仕方ないと思うけど、夫は毎日遅くて昼も夜も子どもと二人だけ。時々とんねるの中に二人だけ取り残されたようで、涙ばかり出てしまう。」
>
> 「夫は酒を飲むと私をひどい言葉でののしったりする。生活費もあまりいれないし時々離婚しようと思う。でも、子どもや生活のことを考えると不安。親は我慢しなさいというばかりで相談に乗ってくれない」

### 支援する上で、考えてみること

　子どもはかわいいと思っても、ときどき子育ては大変と感じるのは当たり前のこと。でも、そのことがかなりのストレスになっていたり、強い孤独や孤立感に繋がって日常生活にも支障をきたしたりすることもある。この時期は以前からの親との問題が再燃したり、夫や家族の問題が顕在化する事にもなりやすい。また、医療のケアが必要な場合もある。

　育児が辛いという原因は様々。経済的、心理的、医療的なことのほかに、対人関係・生活環境などさまざまなことが絡み合って起こってくる。

その背景も解決の仕方もひとりひとり異なる。

　相談を受ける側は、その人の話をていねいによくきくことに徹し、相手がなにを求め、なにを必要としているかを見極めること、そこから解決の糸口も見えてくる。

**どんな機関が利用できるのか**
**「地域子育て支援センター」「子ども家庭支援センター」**
　子どもや家庭に関する様々な相談に応じる他、遊びの広場を開放したり、スタッフが加わって親子遊びを行ったり、ショートステイ、トワイライトステイ等の子ども家庭在宅サービスの調整・提供、講座の開催、子育てサークルやボランティアの育成等、地域の子どもと家庭の総合的な支援を行っている。内容は地域によって異なり、ファミリーサポートセンターを運営しているところもある。

　相談は乳幼児から18歳未満の幅広い年齢層の子どもと家庭の相談に医療・心理スタッフ等が応じているが、センターによってスタッフも多少異なっている。

　相談の内容によって、カウンセリングやアドバイスを行っていく場合のほか、他のサービスと併用して相談を行ったり（事例）、他機関と連携して相談を行っているのが大きな特徴である。T市の場合、対象は1番に就学前幼児が多いが3番目は親自身となり、内容は発育・発達の相談が1番多いが、次に育児ストレス、健康、託児関連、育児法・しつけの順となっている。

---
**事例）他のサービスとも併用の例**
「今妊娠中。つわりがひどくて辛いのに、上の2歳の子がわがままばかり言うので、昨日思いっきり叩いてしまった。そのあとで、泣き疲れて寝た子の顔をみながら、ごめんねって言いながら涙がでてきました。それなのに、子どもの顔をみるのも嫌ってまた思うんです。」
---

時々遊びに来ていて、広場で相談のスタッフを見かけたことも有り、思い切って声をかけたということだった。
　相談室で母親が相談をしている間、2歳の真君（仮名）は他のスタッフと時々相談室をのぞきながらも、広場で遊んでいた。
　相談を継続しながら、通院時は真君のショートステイ利用を勧め、時々センターでの親子遊びの会にも参加してみた。
　その後の相談の中で、子どもとはなれてゆっくり相談でき、気持ちが楽になったこと、親子遊びで子どものうれしそうな顔をみて自分もうれしくなったこと、通院も楽になり家でも前より余裕がある感じになったと語られ、相談は終わりとなった。
　ある日曜日、広場で3人の姿をみかけた。真君は父親と車で遊んでいる。母親がそっと最近の様子を教えてくれた。「あの後、夫に叩いたことや相談に行ったことを話したら最初びっくりした顔をしていたけど、ちゃんと話をきいてくれたんです。今でも時々大変だけど、夫も前より子どもと遊んでくれ、夫ともよく話をするようになりました。」と。

**社団法人家庭問題情報センター「東京ファミリーカウンセリングルーム」**
　相談スタッフは、主として元家庭裁判所調査官。
　家族間の人間関係の悩み全般に対する相談を行っている。
　例えば、結婚・離婚をめぐる悩み、夫婦間の悩み、ドメスティック・バイオレンスに関する悩み、子どもの養育などについての悩みなど。
　電話　０３－３９７１－３７４１

## 離婚する時・した時、子連れで再婚する時

近年離婚の件数は戦後最高になり、それに伴い、ひとり親家庭や子連れで再婚することも増えてきた。

離婚や再婚は大人にとっても重大な出来事であるが、子どもにとってはより以上に世界が変わるほど重大なことである。やむをえない事情やいいにくいことであっても、子どもには充分配慮したいものである。

### 離婚する時・した時

人は理不尽と思えること、重大でかつ理解を超えることが起こった時、必死で何か理由をみつけだそうとするこころの動きがある。

子どもにとって、離婚は多くはそれに相当し、幼ければ幼いほど自分のせいではないかと思いやすく、そのことでの傷つきも大きい。たとえば「僕がもっといい子だったらパパとママは離婚しなかった」などと思いこんでしまいやすい。

離婚する時・した時、できれば理由や事情を伝えること。そして、子どものせいで離婚するのではないこと、愛しあって子どもが生まれたこと、子どもが生まれた時うれしかったことを伝えましょう。

自分のせいではないこと、自分が生まれてきてよかったと思えることは、その後の子どもの生き方にプラスの大きな影響を与えます。

### 子連れで再婚する時

子どもにとっても嬉しいことであっても、敏感になりやすいもの。子どもの話をよく聴くようにすること、子どもを差別しないこと等の配慮は大切である。また親の離婚を経験した子どもの場合、親の喧嘩には敏感で不安になりやすい。なるべく子どもの前で喧嘩をしないこと、したら仲直りの姿をみせるのもまた大切なことである。

(4)虐待かなと思ったとき、虐待しそうなとき

　虐待に関して寄せられる相談では、大きく分けて3つの場合が考えられる。その一つは子どもが通う保育園・幼稚園・学校や、近隣の人など虐待に気付いた人からの相談や通報である、もう一つは自分で「虐待をしているのではないか」「虐待をしてしまう」と悩んでいる親自身からの相談。さらに子どもからの相談に虐待の要素が含まれている場合がある。

―― **よく寄せられる事例** ――

１）虐待に気付いた人からの相談

「遅刻してくることが多い上に、食事もちゃんと食べさせてもらっていないようなので、学校でパンなどを用意しているのだが心配だ……」とか、「顔に傷があったり、身体にあざがあるが聞いても"ころんだだけ大丈夫"などというが度々のことでこのままにしていて良いのか……」

「寒い冬の夜なのに、はだしでコートも着ないで長い時間外に出されて泣いている。ものすごい怒鳴り声と泣き声は毎日聞こえている」などと、気になるけど手の出しようが無く、思い余っての電話になる。

２）虐待者自身からの相談

「子どもが嘘ばかりつくので、ついかっとして、叩いたり、蹴りを入れたりしてしまいます。この間は鼻血を出してしまって、"夫に知れたら、どうしよう"と思って、夫が自宅にいる時は逆に子どもの機嫌をとったりして……。どうして私は"良い母"になれないんでしょう。一生懸命やっているのに。私が子どもの頃は親に嘘をつくなんてできなかったのに。」と声を押さえながら話した。

３）子ども自身からの相談

　子どもの場合ダイレクトに相談をしてくることは少ないが、友達

のことを話しながら「あのね……」と話してくることもあるので、たわいない話を良く聴く事が大事である。
「あのう、何きいてもいいですか？　私、お母さんによく怒られて、いつも"勉強しろ"って言われるんですけど、頭悪いから、いつもぼーっとするし、お母さんに見つかって"怠けるんじゃねえ"ってぶたれたり、外に出されて"頭冷やして来い"って言われる。どうやったら、頭良くなりますか？」という小学校三年生の女の子からの相談であった。

### 支援をする上で、考えてみること
「子ども虐待」への虐待とは（児童相談所だより Vol. 4 より）
　親または親に代わる養育者によって子どもに加えられた行為で、次のように分類されますが、ほとんどの場合重複して起っています。
①身体的虐待（殴るけるなどの暴力・タバコの火などを押し付ける・逆さづりにする・戸外に長時間しめだすなど）
②性的虐待　（性的いたずら・性的行為の強要・性器や性交を見せる・ポルノグラフィーの被写体などを子どもに強要する）
③心理的虐待（無視、拒否的な態度・罵声を浴びせる・言葉による脅かし、脅迫・兄弟間での極端な差別扱いなど）
④ネグレクト　―養育の放棄または怠慢―（適切な衣食住の世話をせず放置する・病気なのに医者に見せない・乳幼児を家に残したまま度々外出する・乳幼児を車の中に放置する・家に閉じ込める―学校等に登校させない―など）

1）虐待に気付いた人または機関が相談してくる場合について。
　平成12年の児童虐待防止法の制定から、「子どもの虐待」の社会の認識が高まるとともに児童相談所への匿名の通告が急増している。平成16

年児童虐待防止法改正で「児童虐待を受けたと思われる児童」に拡大され、通告の窓口が「児童相談所」と市町村（子育て支援センターなど）に拡大された。通報した人の匿名は守られると同時に、虐待で無い場合も責任を問われることはない。しかし虐待かどうかはっきりしないし、この先のお付き合いや、恨まれることを心配してなかなか通報には踏み切れないという場合、電話相談は利用しやすいと思われる。迷う気持ちをいっぱいに抱えながら止むに止まれず電話してきている相談者の気持ちに対して、「そのお子さんや、親御さんをさらに傷付けないためにも、教えていただいたのは大事なことです、ありがとう」と伝えてあげたい。その上で通告が必要と判断した場合には「地域子育て支援センター」「子ども家庭支援センター」「児童相談所」「保健センター」「福祉事務所」などを紹介する。

２）虐待者自身からの相談の場合について。

　虐待防止電話相談の調査では、母親からの育児不安の訴えの中に①育児そのもののストレス②子育て責任の重圧③母親・妻役割に縛られている④孤立⑤理解者がほしいと五項目があげられている。（「子どもの虐待ネットワーク・あいち電話スタッフ調べ」より）

　中には周囲から「子どもを叩くなんて、それって虐待よ」と言われ深く傷ついた経験を持っている方も少なくない。親の中には、自分が"良い親ではない"という思いや"周囲からどう見られているか"というプレッシャーが強くかかっている場合もある。特に重篤な虐待をする親は"社会からの孤立""孤立無援感"を持ち、必死の思いで電話相談にかけてくる場合もあり、それだけ、"苦しんでいる、助けを求めている"と考えられる。また、電話相談が唯一の相談先であることも多い。また、虐待の問題の裏側に夫やパートナーからの暴力が隠れていることもあり、この場合は母親の問題だけを考えても解決しない。子どもの発達を客観的に見られず、自分自身の思いの中に入り込んで抜け出せない場合もあ

るため、相談員は、途中で言葉をさえぎったり、批判をせずに丁寧に聴くことが大切である。相談者に直接的支援をできる機関は「児童相談所」や市町村の「子ども家庭支援センター」であるが、他者から"虐待"と決めつけられることに敏感になっている場合も多いため、その点を見極めながら傾聴することが望ましい。

3）子どもから打ち明けられた場合について。

　子どもの場合、「自分が悪いから親から殴られる」と思い込んでいることが多い。まずは「あなたが悪いのではない」「よく話してくれたね」と言ってあげたい。子どもにとっては、どんな親であっても大切な存在であるので、簡単に親批判を言うべきではない。

電話相談は難しい手続きは必要がなく、子どもにとって利用しやすいため子ども本人が相談してくる可能性がある。子どもから秘密が明かされた場合、状況を判断するために事実を知ることは大切であるが、その聴きかたによっては子どもを二重に傷つけることがあるので気をつけなければならない。

　この数年、子どもへの性的虐待の発見は増加しており、性的被害はその子の将来に渡って深刻な心の傷をもたらすといわれている。それ故、子どもからの相談の中には性的被害もあるということをこころの中に置いて聴く事が大事である。

　また、虐待そのものが深刻であればあるほど、相談員自身にも二次被害と呼ばれる「心の傷」が起きることが多いため、こういった相談にのった場合、スーパーバイザー等に相談することも大切である。

**どんな機関が利用できるのか—どんな支援が受けられるのか—**
**「児童相談所」**
　相談者がはっきりと「私は虐待をしています、今にも子どもを殺しそうで、自分がコントロールできなくて怖いんです」と話す場合などは、

児童相談所を紹介すると担当の児童福祉司が相談にのってくれる。必要な場合、一時的に「乳児院」や「一時保護所」もしくは「児童養護施設」などへの入所などの相談にものってくれる。また、親子それぞれ治療機関が必要な場合の紹介もある。

　虐待またはその疑いに気付いた時の通告・相談の窓口は、基本的には児童相談所と市町村の福祉事務所（子ども家庭支援センターの場合も）である。

### 「地域子育て支援センター」「子ども家庭支援センター」

　育児相談の中で「虐待をするのではないか」という不安を持ったお母さんの相談も受けつけており、虐待防止のための関連機関との連携も取ってくれる。市町村の虐待の通告・相談の窓口になっていることが多い。

### 「市町村保健（健康）センター」

　「通報」と言う形には抵抗があるという時など、保健師が相談にのってくれる。地域の虐待防止ネットワークのメンバーであることが多く、関係機関との連携も可能である。センターによってはMCG（母と子の関係を考える会）など子育て不安を抱えているお母さんのための治療グループを設けているところがある。発達障害がある子への虐待比率も高いといわれているが、その相談にものってくれる。

### 「子ども虐待防止民間団体」の電話相談

　民間ではあるが、現在、全国に三十あまりの電話相談がある。
「子どもの虐待防止センター」（東京）URL：http://www.ccap.or.jp

## 子どもの虐待110番　03-5300-2990

　＊上のホームページで全国の子ども虐待防止民間団体の電話相談のリストを見ることができる。

### 「女性（相談）センター」

　相談者が「自分は社会参加を断念している」ことを重く感じている場合、「母役割でない立場」で相談できる方が良い場合もある。また、D

V（ドメスティック・バイオレンス）の可能性がある場合はこちらを紹介する。

# 第2章 乳・幼児

(1)子どもの発育・発達に不安があったら

---- よく寄せられる事例 ----

「間もなく3歳になるのに、言葉が遅れてる」「幼稚園に入って落ち着いて座っていないと注意された」「目が合わないし、人の話しを聞いていない」、発達の問題も抱えているかなと思える訴えがある。次に挙げる例も、そんな事例である。

幼稚園の入園テストで、固まって泣くだけだったというA君（3歳3ヶ月）は、やや小柄な男の子。その様子にショックを受けた母親が電話してきた。それまで、近所に同年齢の子もいてグループでよく遊んでいたがA君は中でも一番「トロくてダサい」ためよく泣かされ、母親は男の子がこれではとずっと歯がゆく思っていたそうだ。近所で遊んでいるうちはともかく、大切な入園の面接でもこれでは、3歳にして人生の落ちこぼれになったようだと、涙ながらに話し続けた。

**支援をする上で、考えてみること**

電話をかけている親の気持ちには、そのことが子どもの存在すべてになっている状況がある。不安でいっぱいのとき、ちょっとした助言が大きな影響を与えることになることを心して、助言する側は個人的な体験談やアドバイスめいたことには慎重でありたい。発達の問題や障害の心配があるときは特に、今だけの限られた情報での判断は充分ではない。子どもの発達の道筋を見守って、その子の個性を理解してくれる専門家

のいるところ、さらに療育の支援をしてくれる場が何処にあるか、などを相談者が知っていると、より安定感を持って相談にのれるものである。

　**どんな機関が利用できるのか**　—どんな支援が受けられるのか—
**「保健（健康）センター」**問合せ先；市町村の健康課など
（内　容）乳幼児健診の発達相談や経過観察、育児相談のほかに発達に心配のある幼児と親たちの遊びの教室等が行われている地域もある。病気や発達に関する心配には、地域の医療機関との連携があり精密検査という形での紹介もしている。
　　　　　幼稚園、保育園とのネットワークもあり、必要に応じて保健師による家庭訪問も行っている。子育て中の親子にとって地域の「保健室」のように利用出来る場である。
（職　員）保健師が中心になり、医師、心理士、栄養士、保育士などの専門家が集まっている。
**「保健所」**〈小さく生まれた赤ちゃん〉〈慢性疾患〉〈障害・難病の子〉についての悩み、心配事、公的支援について相談できる。
**「就学前の障害児の通園施設」**問合せ先；市町村の健康福祉部など
　リハビリテーションの必要な子・身体の不自由な子・知的な遅れのある子などの通園による療育訓練、生活訓練、家庭での親のかかわり方についての相談も出来る。
**「各種養護学校幼稚部、及び教育相談」**問合せ先；各養護学校
　盲・聾・肢体不自由・知的障害など障害に応じて療育をどのように考えていくか等、専門的な視点からの子育て支援がえられる。
**「子育て支援センター」「児童相談所」「教育相談所」**などの利用も考えられる。

**《インターネットで調べられる子育て支援情報》**

○ことばの遅い子を育てる親のための応援サークル「言(こと)の葉(は)通信」
　http://www.e-baby.co.jp/circle/kotonoha/index.htm

○社団法人日本自閉症協会
　自閉症児・者のよりよい未来を築くことを目指して
　http://www.autism.or.jp/

○財団法人日本ダウン症協会
　ダウン症等に関する情報の収集と提供・相談活動
　http://www.jah.ne.jp./~jds97/

○全国ＬＤ（学習障害）親の会
　ＬＤの解説、親の会へのリンク、医療機関一覧
　http://www.normanet.ne.jp/~zenkokld/index.html

○ＮＰＯ法人えじそんくらぶ
　ＡＤＨＤ（注意欠陥多動性障害）の最新情報、子どもと家族の支援、個人・集団指導など
　http://www.e-club.jp/

「育児の百科」より

第 2 章　乳・幼児

## (2)友だち・性格・行動・登園しぶり

#### よく寄せられる事例

「2歳半の息子が1歳の妹をいじめて困る、オムツもなかなか取れない、姑には母親のしつけが悪いと叱られ、夫は仕事で帰宅が遅く相談してもゆっくり話しを聞いてくれない。私の子育てが悪いのか、育児書を読んでもうまくいかない」というような訴えが少なくない。

また「保育園に行きたくないという。どうやらいじめられているらしい」「目をぱちぱちしたりする。チックだと思うけど何かストレスがあるのだろうか」等の心配もよく寄せられる訴えである。

### 支援をする上で、考えて見ること

「育児不安」を抱えて電話をかけてくる母親たちの声だが、その話しをよく聴いていると、姑や夫など家族との関係や、子育て環境の悩みを語り始めることが多い。援助を求める人にとって「自分の言葉で十分に語れる雰囲気」がとても大切である。母親に望ましい育児を講釈しても、ストレスや焦りを増していることは多い。「語る」ことは、日常の大変さに巻き込まれている自分を、少し距離を置いて見るという作業である。それだけに聴く人のあり方が重要になる。

また、子どもの気になる行動を、心の不安感や緊張感・不適応感などのサインとして親がキャッチしたが、どう理解し対応したらいいだろうかと戸惑っての相談もある。聞き手としては、子どものちょっとした変化に気がついた親の素晴らしさを称え、子どもの行動の意味を一緒に考える。そして子どもの行動が、発達の過程で必ず通る課題で一過性の混乱であるのか、情緒的に傷を受けていて心理的なケアを必要としているものなのか判断する。その上で継続的な関わりが求められるようであれば、適切な機関の紹介を考えるのが望ましい。

**どんな機関が利用できるのか　―どんな支援が受けられるのか―**
**「子ども家庭支援センター」** 問合せ先；市区町村の児童福祉担当課

　子育て総合相談の窓口があり、子育ての不安、悩み事の相談が気軽にうけられる。センターの相談員が随時対応してくれるので利用しやすい。必要に応じて専門機関との連携も可能である。

　他に、「子育てグループの育成と支援」「子育て情報の提供」もしているので、相談だけでなく、日常の子どもとの生活に種々の支援が得られる。子育ては直接見て学ぶという要素が大きいが、それが出来る場として利用度は高い。

**「地域子育て支援センター事業」** 問合せ先；市区町村の健康福祉担当課

　事業の名称は各自治体で独自の名をつけて子育ての相談・支援事業を行っている。内容的には上記の「子ども家庭支援センター」と同様の利用が出来る。

**「保育園・幼稚園の巡回相談」** 問合せ先；市区町村福祉部保育担当課

　地区によって行っていないところも多いので、担当課に問い合わせが必要である。目的は園での適応に困難を抱えている子や、理解に苦労している保育士への支援である。子どもが園での生活を楽しく充実したものにするために、親、保育士の相談にのる。
相談員は、医師、心理士など。

　その他に「**教育相談所**」「**健康センター**」「**児童相談所**」「**こどもの城・子ども相談室**」「**子ども110番**」なども利用出来る。

## (3) 就学前の不安

―― **よく寄せられる事例** ――

　「来年学校なのに、まだ字がかけないんです、教えたほうが良いんでしょうか？」「話すときにどもるので学校に行ったらいじめられるのではないか心配で」など、就学を前にして緊張しいろいろな

ことが不安になっての相談が寄せられる。知らないことによる不安が強いので、十分な情報を伝えることで安心されるものである。

また、「幼稚園で他の子に比べて出来ないことが多いので、通常の学級でついてゆけるのか心配だ」「難聴があるのだが学校選びはどうしたら良いか？」など、発達の遅れや何らかの障害を持つ子どもの就学に関する相談もある。

### 支援をする上で考えてみること

なんとなく他の子よりやることが遅いとか、人のいうことがよく理解できていないようだ等と心配し、子どもの発達が年令相応に届いていないと感じながらも、親はそのうちに追いつくと期待し続けるものである。その子の状況を把握するためには、何による遅れであるのか、見守ってゆけば良いものかなど場合によっては専門家の手に委ねてしっかりと見極める必要がある。しかし就学を前にして、我が子が発達の遅れがあると診断されることへの保護者の不安は大きい。

専門機関の紹介は

「何のために、どんな所で、どんな人が、何をするのか」

「決められるのではなく、相談するところである」

ことなどを丁寧に伝え、安心して相談に行けるよう充分に配慮する必要がある。

また、盲、聾、肢体不自由、発達障害など障害が診断されていたり、通園施設などで療育を受けている子供たちもいる。子ども達がそれぞれの特性に合わせた支援と教育を受けるために、どんな学校や教育の場があるか出来るだけの情報を把握していたいものである。

### どんな機関が利用できるか　―どんな支援が受けられるか―

「**教育相談所（室）**」問合せ先；都道府県・市区町村の教育委員会教育

相談室
　　職　員；心理の専門職、教育の専門職が相談を担当する。
　就学前の心配で、学校選びということではないが「集団になじみにくい」とか「何をやっても他の子より遅れる」などで「学校で上手くやってゆけるかが心配」ということもある。
　そんな心配には、教育相談を勧める。子どもの状況を把握し理解することで、漠然とした不安を整理することが出来、必要に応じて個別の心理検査も行える。また、入学後は保護者の了解のもと、学校との連携を取りながら学校への適応の援助も行える。
　就学相談を受けるかどうかの迷いも、まず教育相談で相談できる。

「保育園の巡回相談」
　自治体によっては、心理の専門家や医師による巡回相談を行っているところがある。身近な人に相談してみるのもよい。

「就学相談窓口」
問合せ先；都道府県・市区町村の教育委員会・教育相談室
　病気その他で障害を持っている子の就学については、その障害の種類と程度によって、それぞれの特性に合わせて適切な教育が受けられるよう、特別な学級や学校がある。その学級・学校を利用する必要があるかどうかを相談するための窓口が「就学相談」である。
　就学相談は保護者の申込みによって行われる。子どもの発達・障害の状況、必要な教育・支援などについて把握し、教育に関する情報を提供し学級・学校の見学などを通して具体的な選択へ相談が進められる。

## どんな学級があるの？

○「知的障害学級」……知的機能の発達に遅れが見られ、集団への適応が難しい子どものうち、軽度の子どもが対象です。
○「肢体不自由学級」……身体の動きに関する器官が病気や怪我で損なわれ、長期にわたって自分で身辺処理などを行うことが困難なもののうち、障害の程度が比較的軽度な子どもが対象です。
○「病弱・身体虚弱学級」……病気であったり、病気にかかりやすいため、長期にわたる入院や生活規則などを必要とする子どもが対象です。
○「弱視学級」……視力や視野などの視機能が充分でないために、見えにくい子どもが対象です。
○「聞こえの学級」（難聴学級）……身の回りの音や話し言葉が聞こえにくかったり、ほとんど聞こえなかったりする子どもが対象です。
○「ことばの学級」（言語障害学級）……発音が不明瞭であったり、話しことばのリズムがスムーズでなかったりするため、話しことばによるコミュニケーションが円滑でない子どもが対象です。
○「情緒障害学級」……人との関係や環境などによって心理的に不安定となり、社会的適応が難しい子どもや自閉的な子どもなどが対象です。

## どんな学校があるの？

◇「盲学校」　　　　　　　◇「知的障害養護学校」
◇「聾学校」　　　　　　　◇「肢体不自由養護学校」

「特別支援教育」

　文部科学省は平成13年調査研究協力者会議を設置し「従来の特殊教育の対象の障害だけでなく、LD、ADHD、高機能自閉症を含めて障害のある児童生徒の自立や社会参加に向けて、その一人一人の教育的ニーズを把握して、その持てる力を高め、生活や学習上の困難を改善又は克服するために、適切な教育や指導を通じて必要な支援を行うものである。」との報告をまとめた（平成15年3月）。現在、各教育委員会で「特別支援教育」のあり方の検討が始まっている。（具体的方向性や詳細は、各教育委員会へお問合せください）

# 第3章　小学生・中学生

## (1)友だち、性格行動、いじめ、親子関係

> ── よく寄せられる事例 ──
> 「4年生になって学校をやすみがち、どうも仲のいい友だちとけんかをしたようだ。意地を張ってるけど本当はその子と仲直りの仕方が分からないんだと思う。友だち付き合いが前から下手」
> 「学校ですぐ切れてしまう。落ち着きがない。」
> 「5年生になってすごく反抗的になった。男の子なので父親に登場してほしいけど、口もきかない。」
> 「入学した頃は楽しそうだったのに、2学期になって元気がない。ユニフォームがひどく汚れていることが時々ある。きいても何も言わない。いじめにあっているかと心配」

### 支援する上で、考えてみること

　学校に入るころから、子どもの世界もまた一段と広がり、そして成長していく。親子の関係もまた大きく変化していき、親は時に子どもが理解しにくくなったり、どう関わっていいかわからなくなったりもする。

　また大人からみて、些細なことに思われても、子どもにとっては重大で、うまく言葉で言い表せない分行動や身体症状にでたり、深刻になやんでいたりすることもある。問題の背景に発達の問題がある場合もある。

　相談機関は、直接の相談だけでなく、話すことで問題を整理したり、学校などとの連絡調整、他の機関の紹介なども行われる。

　困ったことでも、そのことにきちんと向かい合うことで、大きな成長

や豊かな人間関係に繋がるきっかけにもなる。この時期、身近な相談相手として、身近な相談機関を利用することもひとつの方法であろう。

**どんな機関が利用できるのか　—どんな支援が受けられるのか—**
**「教育相談室PT（室）（所）」**

　教育相談室とは、各市区町村の教育委員会に設けられている、主に就学前から高校生までのお子さんと保護者の方を対象とした公立相談機関。相談室では子どもの性格、学習、知能、行動、発達などに関する相談に、臨床心理士や教職経験者など専門の相談員が応じている。担当地区の公立学校や保育機関とも連携を取り相談を進めていく。

　教育相談室では電話相談・来室相談（面接）を行っており、電話相談の場合は匿名で行われる場合もある。来室相談の場合、まず来室予約を取りその後来室して面接を行う。教育相談室に相談をした場合、相談事例によって、保護者との面接、学校・担任との情報交換（保護者から了承を得た場合）、児童・生徒との面接、行動観察、心理検査、他機関の紹介などが考えられる。

　教育相談室での事例

小学生

事例①……5年生女子。主訴：欠席がち

　友達とのトラブルが起こると翌日欠席してしまう。学校訪問の際に担任より相談があり保護者とも連絡を取って、学校で定期的にカウンセリングを行った。各種検査・面接を勧める中で、自己有能感の低さや友人関係で問題を抱えている事、家庭での問題などが明らかになった。そしてそれらの問題に焦点を当ててカウンセリングを進め、また同時に母親面接も行っている。

事例②……4年生男子。主訴：不登校

　4年生になってから学習についていけず、次第に欠席が増えついには

不登校となった。また、友達とのコミュニケーションに難しさがある児童であった。適応指導教室への通級希望があり、教育相談室にて面接を行った。面接を進める中で発達の偏りが疑われたので、検査を行ったところ学習障害の疑いがある事が分かった。保護者や小学校担任に本児の特性や必要な援助などを詳しく報告すると、本児の今までのトラブルや学習の難しさなどが理解でき、対応を工夫することができそうでよかった、との事だった。家でも少しづつ明るくなり、学校復帰へ向けて継続相談として進めた。

中学生
事例③……3年生男子。主訴：不登校・家庭内暴力
　同級生とのトラブルから不登校になり適応指導教室への通級を開始したが、しばらくしてから家庭内での暴力が始まった。教育相談室では保護者の訴えから児童相談所や適応指導教室・学校と連絡を取り、情報交換などを頻繁に行った。学校との連携では、本児が参加できそうな行事などの時期を見て登校を促した。

その他には
**「都道府県教育相談センター」**
**「スクールカウンセラー」**など
またいじめなど深刻な問題では**「子どもの人権110番」**（P74参照）の利用も1つであろう。

**(2)学校に行けない・行きたくない**
　　　　よく寄せられる事例
　「1年生なんです、毎朝送って行くのですが"ママがいい"と大泣きして離れず、益々ひどくなっていくので辛いし、これを続けて

いて良いのかと心配になって相談した」とか「お腹がいたいと言っては保健室にしょっちゅう行くようになり、今は保健室登校している」、「規則違反する子達が許せなくて、注意したのをきっかけに、クラスメートに無視されるようになり学校に行けなくなってしまった」などは高学年によくある相談である。

「母親が変わらないと良くならないと言われたが、どう変わったら良いのかわからない」と、母親が自分を責めていることも多い。まず「よく電話をかけてくれましたね」と労ってあげたい。

### 支援をする上で考えてみること

学校へ行かない・行けないという相談は非常に多い。平成4年に文部省が「どの子にも起りうる」という視点を示し、社会的にもその子の心や環境に何か支援が必要とのサインとして、受け止められるようになっている。しかしこの症状によって表す意味は一人一人違って多様なものである。なぜ学校に行かないのかはわからないことが殆どであり、「不登校にはこれ」的な処方箋はない。その子の年令や発達段階にも関係がある。

悩みを聴く人は、症状の変化の流れを認識しておくと見通しがもてて落ち着くことが出来る。1例を挙げると

- 身体症状の出ているとき。（身体に触れて、心を癒すかかわりを）
- 登校刺激へのすくみ反応があるとき。（親はどう声をかけようか 、不安になる）
- 擬似の安定のとき。（親は、このまま楽な生活を続けるのではの不安）
- やりたいことのみ繰り返しやるときを経て、自立へ向かう、等。

母親へのサポートが大変重要である。自罰的になっていることも多いので何気ない一言で、落ち込んでしまいがちである。「よくやっている」と言ってあげられるところを見逃さないで声をかけ、不登校にプラスの

意味づけをすること、例えば"一段階段をあがるため""一休みが必要な時""さなぎの時""自立するときに必要な依存"などは視点を広げるきっかけになることもある。

　悩みが深く、継続的に支援することが必要と判断した場合「紹介したいと思いますがよろしいですか」との心遣いと共に、相談機関を紹介することも必要である。

### どんな機関が利用できるのか　―どんな支援が受けられるのか―

**都道府県・区市町村の教育相談所（室）問合せ先；市区町村の教育委員会**

　職員は、臨床心理士などの心理の専門家と教育の専門家などである。電話による相談への対応と、継続的な通所により、保護者と子ども本人へのカウンセリングや遊戯療法などによる支援が受けられる。

　相談の秘密は守られるが、必要に応じて学校との連携も取りやすく、地域の実情がよく分かっている場である。

**適応指導教室　問合せ先；市区町村の教育委員会・在籍学校長**

　不登校の子どものための学級である。（自治体により、設置していないところもある）通級は出席日数として数えられる。

　小学生・中学生一緒のところが多い。

　職員は、元教員や心理職、学生の指導補助員などが協力する複数体制をとっているところが殆どである。

　適応指導教室は学校と教育相談室の中間のような場であり、学校に居場所をもてない子の家庭外での居場所の一つである。学校へ復帰するためのワンステップ的な場所でもある。開室時間が決められているがその利用の仕方は、それぞれ自分で決めている。

　例えば、帰る時間を一日に１分づつ延ばしていく子、お昼の時間で帰ると決めた子などがいてもよい。学習の時間もあるが、それぞれ課題を

決めて学習し、それぞれの気持ちで決めた「遊び」が活動の中心である。そして、異年齢の子ども達が一緒にいる場でもある。

　自分の関心を尊重され、自分で決める実感や、自己肯定感を回復し、対人スキルを豊かにする場として利用出来る。

**相談学級**　問合せ先；市区町村の教育委員会・在籍学校長

　不登校の中学校生徒のために設置された、通級指導教室である。

　職員は、教員、講師、相談員、学生の指導補助員などで構成され、本人に合わせた学習指導や、カウンセリングが行われている。

「適応指導教室」「相談学級」いずれも一人で悩み、孤独になりがちな子どもや、保護者にとって、利用者のことばを借りると"同じ人がいて、自分だけじゃないと、ほっとした"とか、親同士の付き合いで辛さや、悩みを共有し"気が楽になった"という人が多い。

他に相談できる場所としては
**児童相談所**
**子育て支援センター**
**フリースクール**
**不登校新聞**
**大学附属の臨床センター**などがある。

## 『ある適応指導教室の一日』

　適応指導教室の朝、子どもたちの集まる時間はまちまちである。子どもそれぞれの都合に合わせて利用しているからだ。
　6年生の谷君の1日で紹介してみよう。
　谷君が9時に教室に来た。まず自分で出席の記録をつけている。
「来た時間を書き、帰りの予定時間と、次に来る日」をつけた、自分で決めることを大事にする一日の始まりだ。10時頃になると他の子どもたちも集まりだした。今日は、1年生、3年生、5年生、6年生皆で7人出席した。指導員の学生が来ると急に活気が出る。屋上で中当てをしようということになった。小さい子もいるので、谷君たちは相手によってボールを当てる力を加減している。
　一日の時間は、子どもたちが相談して決めた時間割にそってリズムを作っている。

- 皆が集まるまでは（10時15分頃）　自由遊び
- 学習の時間は（40分）
  それぞれに決めたものを中心に指導員の援助を受けながらやっている。やらなくても静かにする。学習している子に迷惑をかけないことが約束である。
- 皆で遊ぶ
  何にするか相談して決めるが、強制はしない。
- お弁当で昼食

おかずを交換したり、お喋りしたりが楽しい時間。
・午後は、皆で掃除をし、その後学習の時間や遊びの時間がある。

　この日、午後は「卓球」が始まった、皆汗いっぱいかいて技を競っている。小さい子や大きい子がいるので下手なのかどうか目立たないうちにどんどん上手くなっていく。

　帰りは、それぞれが決めた時間にお迎えがあり、3時にはみな帰宅した。

　谷君は明日原籍校で社会科見学がある「明日は社会科見学に行くからこっちは休みます」といって帰った。それぞれの学校とは連絡を取り、参加できる時は原籍校に行くのが自然という関係を持っている。

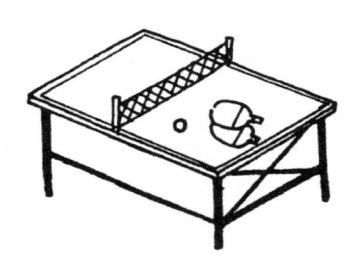

## (3)学校生活・友人関係

> ── よく寄せられる事例 ──
> 「仲間外れにされている。転校してきて、1年ぐらいになるけど、話せる人がいない。前の学校のことばかり考えてしまうけど、親に言ってもかえって怒られる。」
> 「学校がつまらない。やる気がしない。授業もつまらない」
> 「先生がひいきする。気に入らない。」
> 「部活の先輩が恐い。」
> 「今まで友だちだと思っていたA子が、別の子と楽しそうに喋っていた、許せない」

### 夏子の事例

　子どもが相談室を訪れる時、最初何人かでやってきてあれこれおしゃべりし、その後一人で相談にくることも多い。

　夏子（中1仮名）もそんな一人。友だちグループの中で目立たなかったが、後で一人でカウンセリングルームにやってきた。何気なく時間を潰しては帰ることが続いて後、学校のこと家のことをカウンセラーに少しづつ話をし始めた。担任は、夏子が2学期から学校を休みがちで、成績も急に落ち、尋ねても答えず心配していたという。夏子ははじめは友だちが子どもっぽくてつまらない等話していたが、次第に「父の会社が不景気で家中ピリピリしている。今まで、母とはよくおしゃべりしていたが、それどころじゃない空気。これからどうなるんだろうと心配だけど聞くこともできない。自分でもしっかりしなくちゃと思うけど、」と涙をいっぱいにして話した。翌日、夏子は昨日帰ってから、相談室で話をして少しスッキリしたと母親に言ったことを話してくれた。後日、母親からカウンセラーに会いたいと連絡があった。相談の中で「夫の会社が厳しい状態で、これからのことなど心配で頭がいっぱい。子どもには

言わないでいたのに、でも知ってたんですねえ。あの子があんなに苦しんだり気づかったりしていたなんて気付きませんでした。夫にもそのことを話しながら、いつの間にこんなに大きくなったのかと二人で驚きました。会社の方は依然不安定ですが、家の空気は少し変わりました。それにしても、子どもの身近に話せる人がいてくれて、本当によかったです。今は担任の先生にもいろいろ話してるようです。」と話された。

### 支援する上で、考えてみること

　小学生も中学生も、学校のこと、家のこと、友だちのこと、自分のこと楽しいこともあれば、辛いこともある。そして、自分の心の中にわだかまっているものが何か、わからないことも多い。また、深刻であるほど、言い出せないこともある。そして、専門機関に相談に行くことは、おとなにとってもまして子どもにとっては難しいことである。

　そんな時、より、身近なところに相談できる人、ゆっくり話を聞いてくれる人の存在は大きい。話をききながら、身近なところに話せる人はいないか、一緒に考えてみることも１つのポイントであろう。スクールカウンセラーのほかにも養護の先生、塾の先生、先輩などみつけられたりする。その中で自然に解決することもあれば、話をする中で元気をとりもどし、解決のためにもう１歩進めることもできる。

### どんな機関が利用できるのか　―どんな支援が受けられるのか―
### 「スクールカウンセラー」

　私立の学校においては、スクールカウンセラーの歴史は古く、公立学校においては平成７年度より研究委託事業として配置された。スクールカウンセラーには臨床心理士など、児童生徒の臨床心理に関して、高度に専門的な知識・経験を有するものが派遣されており、仕事としては児童生徒へのカウンセリング、教職員及び保護者に対する助言・援助等を

行っている。学校内でおきた問題や学校との間で起きた問題などは直接担任には話しにくいこともある。その点、教育評価に関わらず、教員とは別の視点で子どもと関わるスクールカウンセラーの存在は大きい。

　ほかに「教育相談所」等　P52参照

### 臨床心理士のいるところ

　臨床心理士とは、ひと言でいえば「こころの専門家」。

　身近なところではスクールカウンセラーなどがあげられますが、他にも、臨床心理士はこんなところで働いています。

　**教育**の分野では、スクール・カウンセラー、教育研究所（教育相談所）等。**福祉**の分野では児童相談所、療育医療センター、福祉相談窓口（女性相談・子育て等）。**医療・保健**の分野では、総合病院、精神病院・クリニック、精神保健福祉センター）。**司法・矯正**の分野では、警察・少年相談、家庭裁判所、矯正施設（少年鑑別所・少年院）。大学・研究の分野では、大学・研究所付属相談所、学生相談（保健管理センター）。**産業・開業**分野では、企業内カウンセリング室、開業心理相談室。

### ⑷不登校生徒が進学を考える時

――― よく寄せられる事例 ―――

　不登校に関する相談の中で、「進学・進路」がテーマとなる場合は、大きく二つに分けられる。一つは一般的な情報として知りたいという場合であり、もう一つは実際に（例えば中学３年生で）具体的な進路を検討する必要があるといった場合である。

　電話相談で、不登校生徒の進学・進路について相談したいという場合は、現実に差し迫った具体的な進路先を求めている後者がほとんどではないかと思われる。一般的な情報として知りたいという場合には、進学・進路情報を知りたくて電話を掛けたというより、自分の子どもが学校へ行けなくなっている、親としてどう対応したらよいだろう、このままでは勉強が遅れてしまうのではないか、学校へ行けるようにするためにはどうしたらいいのだろう、といった正に「不登校そのもの」についての相談であることが多い。

#### 支援をする上で、考えてみること

　どちらの場合にせよ、高校進学率が97.6％（平成17年度文部科学省学校基本調査）という現在、進学・進路先についての問合せからは、不登校の子どもを抱えた親の、さまざまな不安やすがるような思い、焦り等があふれ出てくる。「このままでは、勉強がどんどんわからなくなってしまうのではないか、中学を卒業したら進学できるところがあるのだろうか、友だちとも付き合えず引きこもりになってしまうのではないか、社会に出てやっていけるのだろうか……」。

　親からの質問に答えようとする前に、まず、親の思いに耳を傾け、これまでの苦労に思いをめぐらせてみてほしい。そういう不安や焦りを感じずにはいられない事情をわかろうとする姿勢が求められる。

　また、進学・進路先に関する不安や焦りは、必要な情報を知らないこ

とから生み出されていることも多い。的確な情報が与えられることで、親の不安や焦りが和らぐことも少なくない。地域や（同じ地域でも）年度によって、入試制度が異なっていたり、入学金や授業料等の経済的な問題、通学距離等の問題があったりするため、実際に具体的な進路先を検討する場合ほど、関係機関に確かめてもらうことが必要である。

　どんな機関が利用できるのか
ア．「各自治体教育委員会教育センター、教育相談所（室）」
　内容：小・中学生を中心とした教育全般に関する悩みごとを受け付けてくれる。不登校に関する相談が最も多い。事例も数多く、進学・進路先全般についての見通しを立てるための力になってくれる。進学・卒業・進路を巡る担任や学校との付き合い方の相談もできる。
　職員：地域によってその体制はさまざまであるが、臨床心理士はじめ、心理学を専攻したもの、退職校長などが相談を担当している。都道府県レベルでは指導主事（教員の指導や研修、相談などを担当する職員）が相談を担当していることが多い。
イ．「都道府県教育委員会学事部等担当課（高校を所管する部署）」
　内容：公立高校設置機関であり、年度ごとの入試制度を決定している。相談機関ではないが、入試制度や受験に関する最新で正確な情報が得られる。全日制、定時制、通信制、単位制などの高校に関する情報が該当する。
ウ．その他：
　○フリースクールに関する情報
　「日本フリースクール協会事務局」
　　〒151-0053　東京都渋谷区代々木1－29－5　4F
　　ＴＥＬ　03-3370-8531　ＦＡＸ　03-3370-2102

○サポート校（通信制高校の学習を支える機関）に関する情報
「日本オールタナティブスクール協会事務局」
〒102-0074　東京都千代田区九段南3－4－17　T＆Tビル4F
TEL＆FAX　03-3264-2505
○専修学校や各種学校に関する情報
「全国専修学校各種学校総連合会」
〒102-0073　東京都千代田区九段北4－2－25　私学会館別館11F
TEL　03-3230-4814　FAX　03-3230-2688

(5) 家出・万引き・非行

――― よく寄せられる事例 ―――
少年自身から
「友だちのことで悩んでいる。」「先輩からお金をとられている。」等。
保護者・関係者から
「子どもが帰ってこない。前にも何度も無断外泊してその度叱ってもだめで困っている。」「子どもが万引きでつかまった。親の教育が悪かったのかと悩んでいる」

### 支援する上で考えてみること

　平成14年に警察が受理した少年相談の件数は87,678件で、その内容をみると少年自身からの相談では交友関係、学校関係、犯罪被害の順に多く、保護者等の相談は非行問題、家庭問題、家出関係の順になっている。
　子どもの非行や素行の問題は、年々大人たちの常識的理解を超えるものが増えてきて、専門の職員の援助が必要になってきており、最近では少年事件を扱う部署に臨床心理士を配置して、子どもや保護者の相談にあたる警察署も出てきている。多くの都道府県では、各警察署とは別に

少年相談室が開かれている。
　また、犯罪被害者への支援や相談が行われているが、実施の主体は警察、弁護士会、病院などさまざまである。

**どんな機関が利用できるのか**
「都道府県の警察本部設置の少年センター（少年相談室）」
　少年相談専門職員・少年担当警察官が少年相談にあたっている。
　面接相談は各少年相談室に直接予約制が多い。
**「ヤングテレホン」**等という名称で少年相談専用電話も設けられている。P73参照。対象は20歳未満の少年及び少年の保護者・関係者となっている。内容は、少年自身からの悩み、保護者等からの非行問題の相談や被害の相談等。
　また、少年センターでは、相談者の利便性のため、休日相談や出張相談を実施しているところもある。

　**犯罪被害者支援**としては以下のところがある。
「犯罪被害者ホットライン」０３－３５９７－７８３０
　犯罪被害者相談室（警視庁）
「被害者支援都民センター」０３－５２８７－３３３６
　東京都公安委員会指定犯罪被害者等早期援助団体。
　専門の研修をうけた相談員、精神科医、臨床心理士等が犯罪被害にあわれた方や遺族に対しての精神的ケアなどを電話相談・面接相談で行う他、直接支援活動も行っている。
「犯罪被害者相談室」０３－５２８０－８０５８
　東京医科歯科大学

## (6)思春期の諸問題

―― よく寄せられる事例 ――
「ペニスの皮が剥けていないんですけど、手術とか必要ですか？やっぱり剥けてないと女の子にモテないよね。」　　　　（高１男）
「半年前から生理から始まって、毎回１ヶ月おきにきてたんだけど、今回１ヶ月経ったのに生理がこないの。病気かな？」　　（中１女）
「授業中ずっとエッチなこと考えている。……馬鹿だよね」（中２男）
「男の友達を好きになってしまった。……やっぱり変ですか。こんなこと誰にも相談できなくて……どうしたらいいですか？」（高１男）
等、思春期の子ども達にとって匿名性を帯びた電話相談は大きな意味を持っている。実際、性に関する問題は男女問わず上位を占めている（子ども110番調べ）。

### 支援をするうえで考えてみること
①思春期の性の特徴と電話相談

　思春期は第二次性徴期の発現によって始まり、知的発達や人間関係の変容など、様々な面で子どもから大人への変化が現れる。性の問題は思春期に抱える大きな問題の一つであり、自己イメージに大きな影響を与えるものである。しかし、思春期の子供たちにとって、性の問題は知識も経験も十分にないうえ、他者へ打ち明け難い類の悩みであり、一人で抱え込んでしまうことが多い。自分の性器や性的志向に関する悩みは、打ち明けた相手の応答如何で自己イメージを大きく損なう危険性をはらんでいるからだ。沸き上がってくる性欲や目に見える性器・生理的変化は否応無しに彼らの関心や注意を引きつけ、個人の中で大きな問題へと膨らんでいくが、身近な友人や親にはどう評価されるか怖く相談できな

い。そのような二重の苦しみが彼らを悩ませている。

　この時期まで、他者評価をほとんど受けていないところの話であり、電話相談員の一言が相談者の自己像に大きく作用する可能性がある。

②性の問題の内容と受け方
個人の性

　性の相談は個人の発達段階や内容によってその対応が異なる。まず第二次性徴が現れ始めた頃（小学4年から中学2年くらい）の子どもの相談の多くは性知識—例えば、性器の形状、生理の周期やマスターベーションの回数など—に関するものが多く見られ、相談員には正確な性知識が要求される。コーラーにはある種の偏見や迷信めいた性知識があり、それに対して不安になっていることが多いからだ。「〜して大丈夫か」「〜はいいのか」と知らないから聞いてくるのであり、正確な性知識を伝えることで解決できるものが多い。また、状況を聴く中で何らかの医療的治療が必要だと判断した場合、しかるべき他の機関を水先案内することも必要な関わりである。

対人間の性

「彼女とエッチしたい。付き合っているからいいよね？」
「同性を好きになってしまった。誰にも相談できない……辛いです。」

　関心が自分の身体から他者の身体・性へ広がり、性を通して羞恥心や罪悪感を抱く（中学3年以上の）場合の相談は対人間での性——例えば、性的欲求や性的行為、性的志向など——に関するものが多く見られる。

　性行為や性的欲求は「生きる」ことに直結する問題であり、自分や他者の性をどう受容し、尊重していくかが大きな問題となる。性的欲求や性的志向に不安を感じている子どもは自分を異常だと思い、罪悪感と孤独感に苦しんでいることが多い。そのため相談員は、「性的欲求を感じ

ることは、それがどのようなものであれ本人の自由であり、問題ではない」ということを伝え、子どもが自分の性について語れる土台を最初に作る必要がある。また、性行為は自分だけの問題ではないため「性器や胸部を触らせたり見せたりすることは本人が決めることであり、他者に強制されるものではない」など社会的倫理や規範を伝え、自分も他者も傷つけることなく、うまく自分の性と付き合っていくことを示唆する。

性被害
「お父さんがアソコを触ってくるの……怖い……」
「たくさんの人とセックスしているんだ。……性病、大丈夫かな？」
　相談者が性の被害者になっている場合、あるいは、危険な性行為に及んでいる場合、状況——日常繰り返されているのか、誰とか、どんな内容かなど——によってその対応が異なる。必要に応じ電話相談以外の機関—例えば児童相談所や警察や病院など—を水先案内する必要がある。レイプや性的虐待の被害者は電話をかけてくることだけで精一杯であり、加害者が身近な人であれば一層他の相談機関に助けを求めることは少なくなる。しかし、それでもいざという時のための逃げ道を教えておく必要がある。「今」の相談者の気持ちを丁寧に聴くのと同時に、「これから」の自分を守る術を一緒に考えていくというかかわりが求められる。

③携帯電話関連　—出会い系サイト—
「メールで知り合った彼に裸を見せてって言われた。信頼していたから携帯で裸の写真を撮って送ったら、みんなにばらすって脅された」
「携帯のメールで知り合った人と一回寝たら、しつこく電話してくるようになった。もうイヤ！」
　最近ではインターネットの出会い系サイトを活用するコーラーが増えてきている。特に、中高生の携帯電話の所有率は年々増しており、知ら

第3章　小学生・中学生

ない誰かとメールのやりとりをし、恋愛につながることも多い。そのようなやりとりが全てコーラーにとって悪いと言うわけではないが、時として大きな問題に発展してしまうこともある。

　携帯電話やインターネットという媒体を使用することが問題というよりは、どれだけ自分の性に関して責任を持てるかが問題になってくる。トラブルに発展する可能性を示唆し、予防を働きかけることも必要となってくる。

○注意すべきこと
　このようなコーラーの性にまつわる体験や出来事、価値観などは相談員の性にまつわるエピソードを刺激し、転移や逆転移を起こしやすい。相談という名目のもと、相談員の興味関心だけから色々なことを聞き出され、コーラーが電話でレイプされているように感じることもあり得るからだ。また逆に、性の悩みを話しているうちに、コーラーが性的興奮を感じ、相談員の性について色々と質問してくることもある。相談員はこういった転移や逆転移の可能性を心に留め、時折一歩離れて相談のやりとりをチェックしたり、他の相談員にモニターしてもらう必要がある。

**　どんな機関が利用できるのか**
**子ども110番**：性の問題をはじめ、友だち、勉強、家族、身体や心の悩みを、子どもと一緒に考える小学生から高校生（18歳）まで、またその年頃の子どもを持つ保護者のための電話相談。相談員は臨床心理士、カウンセラー、教師経験者、福祉関係者などが対応。
東　京：03-3470-0110　［月曜から土曜日　17:00〜21:00・祝日は除く］
名古屋：052-962-0110　［月曜から土曜日　17:00〜21:00・祝日は除く］
ＡＧＰ電話相談：同性愛者の様々な心と体の悩みについて、それぞれの分野の専門家が匿名での相談に応じている。

東京：03-3319-3203　こころの相談［火曜20:00〜22:00］・からだの相談［第1・第3水曜21:00〜23:00］・カミングアウトサポート相談［第1月曜21:00〜23:00］

関西：0798-74-8171　こころの相談［第1・第3水曜、第2月曜（女性相談員）20:00〜22:00］

**(社)日本家族計画協会思春期・FPホットライン**：思春期の子ども自身の悩み、性器のこと、生理や妊娠のこと、避妊に関すること、病気に関することに応じる電話相談。

03－3235－2638［月曜日〜金曜日　10:00〜16:00（祭日・年末年始休み）］
＊この他、一部の地域でも同様の電話相談あり。

　この他、性的虐待を受けている場合は地域の児童相談所、またレイプなどの性犯罪であれば各都道府県の警察庁や県警・府警本部などに設置されている電話相談（東京都であれば犯罪被害ホットラインやヤングテレホン）などが利用できる。

# 参 考 資 料

## 引用文献・参考文献

「青少年白書」平成15年度版　　内閣府編
「少子化対策関係資料集」平成13年度版　平成16年度版　厚生労働省
「子どもの相談ガイド」平成14年3月東京都児童相談機関連絡協議会
「育児の百科」平成15年11月　　小学館
「子ども相談機関利用ガイド」　　ぎょうせい　小林・島崎編
「臨床心理士に出会うには第2版」平成15年1月　日本臨床心理士会編
「東京の子どもと家庭」平成14年度　東京都社会福祉基礎調査報告書
平成11年度東京都市町村自治調査会自主研究報告書「子どものこころの問題を考える」平成12年　子どものこころの問題を考える会
「学校へ行かないあなたのための進路情報」　平成9年　小田カウンセリングルームふれあう仲間の会
「夫婦の危機と養育機能の修復」平成15年　社団法人家庭問題情報センター
「こころの健康トゥディ」平成8年　啓明出版　佐藤誠他
「電話相談の実際」平成15年　双文社　佐藤・高塚・福山
「よくわかる家庭福祉」第2版　2004年　ミネルヴァ書房　山懸文治編
「Q&A里親養育を知るための基礎知識」2005年　明石書店　庄司順一編著

参考資料

## 都道府県警察「ヤング・テレフォン・コーナー」電話番号一覧

| 都道府県 | 担当 | 電話番号 |
| --- | --- | --- |
| 北 海 道 | 本部相談センター | 011-241-9110 |
| 北 海 道 | 函館方面本部相談センター | 0138-51-9110 |
| 北 海 道 | 旭川方面本部相談センター | 0166-34-9110 |
| 北 海 道 | 釧路方面本部相談センター | 0154-23-9110 |
| 北 海 道 | 北見方面本部相談センター | 0157-24-9110 |
| 青 森 県 | 本部総合相談室 | 0177-35-9110 |
| 岩 手 県 | 本部少年課 | 0196-51-7867 |
| 宮 城 県 | 本部少年課 | 022-221-7867 |
| 秋 田 県 | 本部総合相談室 | 0188-24-1212 |
| 山 形 県 | 本部生活安全企画課 | 0236-42-1777 |
| 福 島 県 | 本部少年課 | 0245-21-4141 |
| 警 視 庁 | 本部少年相談室 | 03-3580-4970 |
| 茨 城 県 | 本部少年課 | 029-231-0900 |
| 栃 木 県 | 本部総合相談室 | 0120-87-4152 |
| 群 馬 県 | 本部県民の声相談室 | 0272-24-8080 |
| 千 葉 県 | 本部少年課 | 043-225-7867 |
| 埼 玉 県 | 本部少年課 | 048-822-3741 |
| 神奈川県 | 本部少年課 | 045-641-0045 |
| 新 潟 県 | 本部総合相談室 | 025-641-0045 |
| 山 梨 県 | 本部生活安全企画課 | 0552-35-4444 |
| 長 野 県 | 本部少年課 | 026-232-4970 |
| 静 岡 県 | 本部広報課 | 054-255-3749 |
| 富 山 県 | 富山署 | 0764-41-5057 |
| 石 川 県 | 本部少年課 | 0762-32-0255 |
| 福 井 県 | 本部生活安全企画課 | 0776-24-4970 |
| 岐 阜 県 | 本部少年課 | 058-274-3000 |
| 愛 知 県 | 名古屋市少年センター | 052-951-7867 |
| 三 重 県 | 本部市民センター | 0592-24-9110 |
| 滋 賀 県 | 本部生活安全少年課 | 0775-25-7830 |
| 京 都 府 | 本部少年少女補導所 | 075-841-7500 |
| 大 阪 府 | 本部少年総合センター | 06-772-7867 |
| 兵 庫 県 | 本部少年課 | 078-361-1009 |
| 奈 良 県 | 本部少年課 | 0742-22-0110 |

73

## 法務局・地方法務局「子どもの人権110番」電話番号一覧

| | | | |
|---|---|---|---|
| 東京管内 | 東京法務局 | 子どもの人権110番 | 03-3214-0424 |
| | 横浜地方法務局 | 子ども人権110番 | 045-212-4365 |
| | | いじめ体罰専用電話 | 045-641-7468 |
| | 浦和地方法務局 | 子どもの人権110番 | 048-863-6194 |
| | 千葉地方法務局 | 子どもいじめ110番 | 043-247-9666 |
| | 水戸地方法務局 | いじめ・体罰テレフォン相談 | 029-231-5500 |
| | 宇都宮地方法務局 | 子どもの人権110番 | 028-627-3737 |
| | 前橋地方法務局 | 子どもの人権110番 | 027-243-0760 |
| | 静岡地方法務局 | 子どもの人権110番 | 054-254-3555 |
| | 甲府地方法務局 | いじめ110番 | 0552-52-0110 |
| | 長野地方法務局 | 子どもの人権110番 | 026-232-8110 |
| | 新潟地方法務局 | 子どもの人権110番 | 025-229-0110 |
| 大阪管内 | 大阪法務局 | 子どもの人権110番 | 06-942-1183 |
| | | 子どもの人権110番（フリーダイヤル） | 0120-793-148 |
| | 京都地方法務局 | 子どもの人権110番 | 075-231-2000 |
| | 神戸地方法務局 | 子どもの人権110番 | 078-393-0118 |
| | 奈良地方法務局 | 子どもの人権110番 | 0742-23-5734 |
| | 大津地方法務局 | 子どもの人権110番 | 0775-22-0110 |
| | 和歌山地方法務局 | 子どもの人権110番 | 0734-25-2704 |
| 名古屋管内 | 名古屋法務局 | 子ども人権110番 | 052-952-8110 |
| | 津地方法務局 | 子どもの人権110番 | 059-224-3535 |
| | 岐阜地方法務局 | 子どもの人権110番 | 058-240-5510 |
| | 福井地方法務局 | 子どもの人権110番 | 0776-26-9777 |
| | 金沢地方法務局 | 子ども人権110番 | 0762-91-0210 |
| | 富山地方法務局 | 子どもの人権110番 | 0764-41-1161 |
| 広島管内 | 広島法務局 | 子どもの人権110番 | 082-228-4710 |
| | 山口地方法務局 | 子どもの人権110番 | 0839-20-1234 |
| | 岡山地方法務局 | いじめ・体罰110番 | 086-224-5657 |
| | 鳥取地方法務局 | いじめ110番 | 0857-27-3751 |
| | 松江地方法務局 | 子どもの人権110番 | 0852-26-7867 |

参 考 資 料

| | | | |
|---|---|---|---|
| 福岡管内 | 福岡法務局 | 子ども人権110番 | 092-715-6112（福岡） |
| | | | 093-561-3989（北九州） |
| | 佐賀地方法務局 | 子ども人権110番 | 0952-28-7110 |
| | 長崎地方法務局 | 子ども人権110番 | 0958-27-7831 |
| | 大分地方法務局 | 子どもの人権110番 | 0975-32-0122 |
| | 熊本地方法務局 | 子どもの人権110番 | 096-364-0415 |
| | 鹿児島地方法務局 | 子どもの人権110番 | 099-259-7830 |
| | 宮崎地方法務局 | 子どもの人権110番 | 0985-20-8747 |
| | 那覇地方法務局 | 子ども人権110番 | 098-853-4460 |
| 仙台管内 | 仙台法務局 | 子どもいじめホットライン（人権擁護部） | 022-224-1200 |
| | | 子どもいじめホットライン（塩釜支局） | 022-366-1200 |
| | | 子ども人権110番（古川支局） | 0229-22-1200 |
| | | 子どもいじめホットライン（石巻支局） | 0225-94-1200 |
| | 福島地方法務局 | 子どもの人権電話相談 | 0245-36-1155 |
| | 山形地方法務局 | いじめ110番 | 0236-34-9110 |
| | 盛岡地方法務局 | 子どもの人権110番 | 019-626-2655 |
| | 秋田地方法務局 | 人権・いじめホットライン（人権擁護課） | 0188-62-6533 |
| | | いじめホットライン（本荘支局） | 0184-23-4266 |
| | 青森地方法務局 | 子どもの人権110番 | 0177-74-1020 |
| 札幌管内 | 札幌法務局 | 子どもの人権ホットライン | 011-728-0780 |
| | 函館地方法務局 | 子どもの人権110番 | 0138-26-5686 |
| | 旭川地方法務局 | 子どもの人権110番 | 0166-53-7838 |
| | 釧路地方法務局 | 子どもの人権110番 | 0154-42-9110 |
| 高松管内 | 高松法務局 | 子どもの人権110番 | 0878-21-6196 |
| | 徳島地方法務局 | 子ども人権110番 | 0886-22-8110 |
| | 高知地方法務局 | 子どもの人権110番 | 0888-22-6505 |
| | 松山地方法務局 | 「いじめ」電話相談 | 089-932-0877 |

# 第4章　発達障がい(害)を持つ(あるいは疑われる)子どもについての電話相談

## 1．はじめに

　発達障がいを持つ(あるいは疑われる)子どもに関する事例では一人で悩み、苦しむ例が多くあることから、適切な援助が行われることが求められている。この章では、発達障がいを持つ(あるいは疑われる)子どもの保護者や家族、あるいは専門の従事者(教師・保育士・福祉機関の指導員など)を対象に相談を受けることを前提にしている。

　相談では、コーラーの不安、混乱や苦しみをことばにすることが予想され、今まで心の内側に閉まっている思いの数々を丁寧に聞いてもらうことが、多くの場合、相談者自身の心の解放を促すことがある。一方で、過度に不安定な感情が露呈している場合などは、不満や感情を直接的に問題化し、同意を求められるなど、有利に事を運ぼうとする意識が働き、適切な相談活動が不可能な場合もあることをあらかじめ知っておく必要がある。

　また、電話相談ではどうしても相談対象児の実態が正確に把握できないことが多いことを念頭に相談を受けることが重要である。専門的な知識を必要とするところで安易な対応をしてしまうと、とり返しのつかない事態を招く場合もある。匿名性や気軽さ、時間的にあるいは空間性を超えたところで、相談者のニーズに応じていることを認識した上で、あくまでもコーラーのいまの気持ちを支え援助するという役割を慎重に担うことが重要である。

第4章　発達障がいを持つ(あるいは疑われる)子どもについての電話相談

## 2．対応

　子どもに発達上の遅れが見られると電話をかけてくる親や家族と、専門の従事者として子どもに関わっていることから電話をかけてくる例をもとに、以下のことを述べる。

### (1)親への対応
　自分の子どもが発達的な遅れや障がいを持っている（疑いがあるかもしれない）と考えている親や保護者から、電話がかかってきた場合は慎重に相手の身になって対応することが求められる。以下に注意点をあげる。
1）予想した子ども（この場合は健常な子ども）が誕生しなかったという衝撃は想像よりはるかに大きな衝撃を親や家族に与えている。混乱や動揺を招いている心理状態であるかも知れないと察し、落ち着いて丁寧に聴くことが重要である。
2）親に自責の念がある場合など特に家族以外の人に話を聞いて欲しいという希望を持っている。ここで話したことはどこにももれることがないので、安心して話をしてくださいと伝える。
3）親は自己、家族、社会、人生の価値観、今後の生活設計など多くの問題に直面する状態になり、切羽詰った気持ちであると予想される。現在の気持ちに焦点をあて、先のことを深く考えつめないように話を聞いていく。
4）どこにも行けない状況下で始めて電話をかけてくる場合と相談機関に行ってはいるが、改めて電話をしてくる場合とがある。どちらも、受け止めてもらったという思いになるように、肯定的に支持的に話を聴く態度が肝要である。
5）必要に応じて、保健所、児童相談所、教育センター、都道府県庁、

市区町村、各教育委員会、大学病院小児科および精神神経科、家庭裁判所などを紹介する。

### (2)家族への対応
　家族に発達的な遅れや障がいを持っている（あるいは疑いがあるかもしれない）子どもがいる場合には、親とは違った面の注意が必要である。
1 ）親や本人ではない分、つまり直接的ではなく間接的な分だけ、慎重に対応しなければならない。今のその方の立場を汲み取るような電話対応が求められる。家族としての気持ちを理解し、話を受け止めているという対応が望ましいと考えられる。
2 ）電話相談した結果、親に意見するようなことがあってはならないので、紹介先についても慎重にならざるを得ない。むやみやたらに心配だけして家族の揉め事の原因にもなりかねない。紹介先について意見を求められた場合は、両親の考えを聞いて後日また電話をかけていただくなどの対応もできる。その場合、申し送り等が必要になってくる。

### (3)専門の従事者（教師・保育士・福祉機関の指導員）への対応
　専門の従事者は専門的な事柄を相談してくるというよりも、自身の心理的な援助を求めてかけてくることが多いのではないかと予想される。以下の点に注意し、対応する。
1 ）専門的な従事者であっても仕事に対するストレスから相談してきている場合は、相手の語りに対し傾聴を心がける。
2 ）本人への心理的なサポートを求めている場合は対応できる紹介先を知らせる。
3 ）子どもへの専門的な援助を求めているときには、具体的に内容を聞き、対応できる紹介先を知らせる。

第4章　発達障がいを持つ(あるいは疑われる)子どもについての電話相談

## 3．紹介先

(1) 障がいがあるかどうか分からない時期（あるいはすでにわかっているが、確かめたい）という主訴をもち、医療機関に受診を希望している場合
　　各地域の保健所、国立小児病院、国立大学病院（小児科・精神神経科）
(2) 子どもとの接し方や育て方について、あるいは保育園・幼稚園の希望などの主訴をもち、療育相談を望む場合
　　国立特殊教育総合相談所　都道府県・市区町村および法人・民間の教育相談所や療育センター（データＡ）、各大学の相談室（データＡＡ）
(3) 小学校・中学校・高等学校・養護学校への入学就学相談および特別支援教育※についての相談などが主訴の場合
　　行政の窓口　都道府県または市区町村の教育委員会（データＢ）

※特別支援教育とは、従来の特殊教育の対象の障がいだけでなく、ＬＤ、ＡＤ/ＨＤ、高機能自閉症を含めて障がいのある児童生徒の自立や社会参加に向けて、そのひとり一人の教育的ニーズを把握して、その持てる力を高め、生活や学習上の困難を改善又は克服するために、適切な教育や指導を通じて必要な支援を行うものです。

(4) 学校時代が終わり、社会とのかかわりをどのように作っていくかなどや就労・進路相談の主訴の場合
　　各市区町村の福祉事務所のケースワーカー、ソーシャルワーカー、都道府県の社会福祉協議会など
(5) 福祉、地域システム、自立生活や地域生活への移行の相談や年金や支援費など社会保障の相談が主訴の場合

市区町村の障害福祉課窓口および生活支援センター、地域生活・自立支援センター
(6)成年後見制度※や財産に関する相談が主訴の場合
　家庭裁判所（データＣ）

※成年後見制度とは、精神上の障がいにより判断能力が不十分な人について、契約の締結等を代わりに行う代理人などを選任したり、本人が誤った判断に基づいて契約を締結した場合にそれを取り消すことができるようにすることなどにより、これらの人を不利益からまもる制度です。平成12年４月１日から施行されました新しい成年後見制度は、本人の状況に応じて弾力的に利用しやすいものになっています。後見（判断能力を欠いている状態にある人を対象）補佐（判断能力が著しく不十分な人を対象）補助（判断能力が不十分な人を対象）の３つから成り、家庭裁判所への申し立て（補助は本人の同意が必要）を行い、審判を経て、それぞれ後見人、補佐人、補助人が選任されます。

(7)その他各団体のピアカウンセリングなどを希望し、情報を求めている場合
　てんかん協会、自閉症協会や親の会、兄弟会などの各団体（データＤ）

## ４．おわりに

　平成８年の統計上、18歳未満の障がいをもつ子どもは全国で身体障害児が９万人、知的障がい児が9.6万人と国が報告している。障がいをもつ子どもは数字上では少なく感じられるかもしれないが、18歳以上の身体・知的・精神の障がいをもつ人を加えた総数600万人の人に親や家族や専門の従事者が存在することを考えてみると、無関係でいられなくな

第4章　発達障がいを持つ（あるいは疑われる）子どもについての電話相談

る状況が見えてくる。まして、高齢化社会を迎える現在、高齢者や中途障がい者を考えればだれでもが障がいのもつ意味において、その可能性を否定できない。

　しかし、障がいをもったことが喜ばしいこととして受けとめられないわが国においては、その事実に関連するときパニックに陥ることもあるのが現状であると言わざるを得ない。障がいをもって生きていることについて、どの人も理解し、援助や支援の手を差し伸べる社会ができることが優先され、待たれる。障がいの意味は全人格的に否定されるものではなく、むしろ人生に挑戦をするチャンスを与えられたという前向きな受け止め方があることを理解できるように、相談者に力量が求められていることを忘れてはならない。

# 参 考 資 料

# 相 談 機 関

**A：教育・療育**

**国立特殊教育総合研究所教育相談センター**

〒239-0841　神奈川県横須賀市野比5丁目1番1号

TEL 046-848-4127（直通）

TEL 046-848-4121（代表）

　障害のある本人、家族、また教職員や学校、関係機関の職員等からの教育相談に応じています。特に、地方公共団体等の依頼により、居住地域では対応や問題の解決が困難な内容について相談に応じています。

　相談に応じている主な内容は、1）発達や障害の状態の評価、2）日常生活や学校生活における工夫、3）情報の提供などです。

　また、特殊教育センターをはじめ全国の相談関係機関と相互協力をしています。


**北海道立教育研究所**

〒069-0834　江別市文教大東町42

TEL 011-386-4511（代表）

TEL 011-386-7077（直通）


**北海道立特殊教育センター**

〒064-0944　札幌市中央区円山西町2丁目1-1

TEL 011-612-6211（代表）

TEL 011-612-5030（直通）

**秋田県総合教育センター**

〒010-0101　潟上市天王字追分西29－76

TEL 018-873-7200（代表）

TEL 0120-73-7804、TEL 018-873-7215（直通）

**岩手県立総合教育センター**

〒025-0301　花巻市北湯口第2地割82番1

TEL 0198-27-2711（代表）

TEL 0198-27-2473（直通）

**青森県総合教育センター教育相談課**

〒030-0123　青森市大字大矢沢字野田80－2

TEL 017-728-5575（代表）

**福島県教育センター**

〒960-0101　福島市瀬上町字五月田16

TEL 024-553-3141（代表）

TEL 0120-45-3141（直通）

**宮城県特殊教育センター**

〒981-3213　仙台市泉区南中山五丁目3番1号

TEL 022-376-5432（代表）

TEL 022-348-2171（直通）

山形県教育センター
　〒994-0021　天童市大字山元字犬倉津2515
　TEL 023-654-2155（代表）
　TEL 023-654-8181（直通）

東京都教育相談センター
　〒153-8939　目黒区目黒1－1－14
　TEL 03-3493-8008（直通）

神奈川県立総合教育センター
　〒252-0813　藤沢市亀井野2547－4
　TEL 0466-81-8521（代表）
　TEL 0466-84-2210（直通）

千葉県特殊教育センター
　〒260-0853　千葉市中央区葛城2－10－1
　TEL 043-227-1166（代表）
　TEL 043-227-8410（直通）

茨城県教育研修センター
　〒309-1722　西茨城郡友部町平町字山ノ神1410
　TEL 0296-78-2121（代表）
　TEL 0296-78-2333（直通）

栃木県総合教育センター
　〒320-0002　宇都宮市瓦谷町1070番地
　TEL 028-665-7210

参 考 資 料

埼玉県立総合教育センター
　　〒336-8555　さいたま市緑区三室1305－1
　　TEL 048-874-1221（代表）
　　TEL 048-874-2525（直通）

群馬県総合教育センター
　　〒372-0031　伊勢崎市今泉町1－233－2
　　TEL 0270-26-9211（代表）
　　TEL 0270-26-9200（直通）

長野県総合教育センター
　　〒399-0711　塩尻市大字片丘字南唐沢6342－4
　　TEL 0263-53-8800（代表）
　　TEL 0263-53-8811（直通）

山梨県総合教育センター
　　〒406-0801　山梨県笛吹市御坂町成田1456
　　TEL 055-262-5571（代表）
　　TEL 055-263-3711（直通）

新潟県立教育センター
　　〒950-2144　新潟市曽和100－1
　　TEL 025-263-1094（代表）
　　TEL 025-263-9029、TEL 025-263-4737（直通）

静岡総合教育センター教育相談部
　　〒436-0294　掛川市富部456
　　TEL 0537-24-9700（代表）
　　TEL 0537-24-9900（直通）

愛知県総合教育センター
　　〒470-0151　愛知郡東郷町大字諸輪字上鉾68番地
　　TEL 0561-38-2211（代表）
　　TEL 0561-38-9517（直通）

岐阜県総合教育センター
　　〒500-8384　岐阜市藪田南5－9－1
　　TEL 058-271-3325（代表）
　　TEL 0120-743-070、TEL 058-276-7831（直通）

三重県総合教育センター
　　〒514-0007　津市大谷町12番地
　　TEL 059-226-3729

福井県特殊教育センター
　　〒910-0846　福井市四ツ井2－8－48
　　TEL 0776-53-6574

石川県教育センター
　　〒921-8153　金沢市高尾町ウ31－1
　　TEL 076-298-3515（代表）
　　TEL 076-298-1729（直通）

参考資料

**富山県総合教育センター**
　〒930-0866　富山市高田525
　TEL 076-444-6351

**滋賀県総合教育センター**
　〒520-2321　野洲市北桜
　TEL 077-588-2311

**大阪府教育センター**
　〒558-0011　大阪市住吉区苅田4丁目13番23号
　TEL 06-6692-1882（代表）
　TEL 06-6607-7362（直通）

**京都府総合教育センター**
　〒612-0064　京都市伏見区桃山毛利長門西町
　TEL 075-612-3266（代表）
　TEL 075-612-3301（直通）

**奈良県立教育研究所**
　〒636-0343　奈良県磯城郡田原本町秦庄22－1
　TEL 07443-2-8201

**和歌山県立教育センター学びの丘**
　〒646-0011　田辺市新庄町3353－9
　TEL 0739-23-1988（代表）
　TEL 073-422-7000（直通）

兵庫県立障害児教育センター
　〒651-0062　神戸市中央区坂口通2丁目1－18
　TEL 078-222-3604


鳥取県教育センター
　〒680-0941　鳥取市湖山町北5丁目201番地
　TEL 0857-28-2321（代表）
　TEL 0857-31-3956（直通）


島根県立松江教育センター
　〒690-0873　松江市内中原町255－1
　TEL 0852-22-5859（代表）
　TEL 0852-22-5874（直通）


岡山県教育センター
　〒703-8278　岡山市古京町2－2－14
　TEL 086-272-1205（代表）
　TEL 086-271-7078、TEL 086-272-1154（直通）


広島県立教育センター
　〒739-0144　東広島市八本松南一丁目2番1号
　TEL 0824-28-2631　内185


山口県教育研修所
　〒754-0893　山口市大字秋穂二島1062番地
　TEL 083-987-1246（代表）
　TEL 083-987-1240（直通）

## 参考資料

**香川県教育センター**
　〒760-0004　高松市西宝町2丁目4番18号
　TEL 087-833-4235（代表）
　TEL 087-862-4533、TEL 087-833-4220（直通）

**徳島県立総合教育センター**
　〒779-0108　板野郡板野町犬伏字東谷1－7
　TEL 088-672-5000（代表）
　TEL 088-672-5200（直通）

**高知県教育センター**
　〒781-5103　高知市大津乙181
　TEL 088-866-7378

**愛媛県総合教育センター**
　〒791-1136　松山市上野町甲650番地
　TEL 089-963-3111（代表）
　TEL 089-963-3113　ダイヤルイン　74114（直通）

**福岡県教育センター**
　〒811-2401　粕屋郡篠栗町高田268
　TEL 092-947-0079（代表）
　TEL 092-947-2083（直通）

**佐賀県教育センター**
　〒840-0214　佐賀郡大和町大字川上
　TEL 0952-62-5211

**長崎県教育センター**
　〒856-0834　大村市玖島1丁目24－2
　TEL 095-753-1131（代表）
　TEL 095-752-9211（直通）

**熊本県教育センター**
　〒861-0543　山鹿市小原
　TEL 0968-44-6611（代表）
　TEL 0968-44-6645、TEL 0968-44-7445（直通）

**大分県教育センター**
　〒870-1124　大分市大字旦野原847番地の2
　TEL 097-569-0118（代表）
　TEL 097-569-0232、TEL 097-503-8986（直通）

**宮崎県教育研修センター**
　〒880-0835　宮崎市阿波岐原町前浜4276番地の729
　TEL 0985-24-3122（代表）
　TEL 0985-38-7654、TEL 0985-31-5562（直通）

**鹿児島県総合教育センター**
　〒891-1393　鹿児島市宮之浦862番地
　TEL 099-294-2311（代表）
　TEL 0120-783-574、TEL 099-294-2788（直通）

**沖縄県立総合教育センター**
　〒904-2174　沖縄市字与儀587番地
　℡　098-933-7555（代表）
　℡　098-933-7526（直通）


**ＡＡ：大学付属心理相談施設（東京都のみ）**
**お茶の水女子大学児童臨床研究室**
　〒112-0012　東京都文京区大塚2－1－1
　℡　03-3943-3151（代表）

**筑波大学教育学部心理・心身障害教育相談室**
　〒112-0012　東京都文京区大塚3-29-1
　℡　03-3942-6850

**東京学芸大学付属教育実践研究センター**
　〒184-0015　東京都小金井市貫井北町4-1-1
　℡　042-329-7686（直通）

**東京大学教育学部教育相談室**
　〒113-0033　東京都文京区本郷7－3－2
　℡　03-5841-3954（直通）

**首都大学東京心理相談**
　〒192-0364　東京都八王子市南大沢1－1
　℡　0426-77-2094（直通）

駒澤大学　コミュニティ・ケアセンター
　〒154-0012　東京都世田谷区駒沢4-17-13
　TEL 03-5431-5200

大妻女子大学児童臨床研究センター
　〒102-0075　東京都千代田区三番町12
　TEL 03-5275-6006

白百合大学発達臨床センター
　〒182-0001　東京都調布市緑ケ丘1-25
　TEL 03-3326-0925（直通）

上智大学臨床心理相談室
　〒102-0094　東京都千代田区紀尾井町7-1
　TEL 03-3238-3813（直通）

大正大学カウンセリング研究所
　〒170-0001　東京都豊島区西巣鴨3-20-1
　TEL 03-5394-3035（直通）

東洋英和女学院大学　東洋英和こころの相談室
　〒106-0032　東京都港区六本木5-14-40
　TEL 03-3583-7463（直通）

東洋大学発達臨床相談室
　〒112-0001　東京都文京区白山5-28-20
　TEL 03-3945-7491（直通）

**日本社会事業大学付属子ども学園**
　〒204-0024　東京都清瀬市梅園1－2－50
　TEL 0424-91-8131

**明治学院大学心理学部付属研究所心理臨床センター**
　〒108-0071　東京都港区白金台1－2－37
　TEL 03-5421-5444

**明星大学心理相談センター**
　〒191-0042　東京都日野市程久保2－1－1
　TEL 042-591-9200

**立教大学心理教育相談所**
　〒171-0021　東京都豊島区西池袋3－34－1
　TEL 03-3985-2643

B：都道府県庁所在地一覧（市区町村の所在等を教えてもらえる）

| 名　　称 | 電話番号 | 郵便番号 | 住　　　所 |
| --- | --- | --- | --- |
| 北 海 道 庁 | 011-231-4111 | 060-8588 | 札幌市中央区北3条西6 |
| 青 森 県 庁 | 017-722-1111 | 030-8570 | 青森市長島1-1-1 |
| 岩 手 県 庁 | 019-651-3111 | 020-8570 | 盛岡市内丸10-1 |
| 宮 城 県 庁 | 022-211-2111 | 980-8570 | 仙台市青葉区本町3-8-1 |
| 秋 田 県 庁 | 018-860-1111 | 010-8570 | 秋田市山王3-1-1 |
| 山 形 県 庁 | 023-630-2211 | 990-8570 | 山形市松波2-8-1 |
| 福 島 県 庁 | 024-521-1111 | 960-8670 | 福島市杉妻町2-16 |
| 茨 城 県 庁 | 029-301-1111 | 310-8555 | 水戸市笠原町978-6 |
| 栃 木 県 庁 | 028-623-2323 | 320-8501 | 宇都宮市塙田1-1-20 |
| 群 馬 県 庁 | 027-223-1111 | 371-8570 | 前橋市大手町1-1-1 |
| 埼 玉 県 庁 | 048-824-2111 | 336-8501 | さいたま市浦和区高砂3-15-1 |
| 千 葉 県 庁 | 043-223-3000 | 260-8667 | 千葉市中央区市場1-1 |
| 東 京 都 庁 | 03-5321-1111 | 163-8001 | 新宿区西新宿2-8-1 |
| 神奈川県庁 | 045-201-1111 | 231-8588 | 横浜市中区日本大通1 |
| 新 潟 県 庁 | 025-285-5511 | 950-8570 | 新潟市新光町4-1 |
| 富 山 県 庁 | 076-431-4111 | 930-8501 | 富山市新総曲輪1-7 |
| 石 川 県 庁 | 076-225-1111 | 920-8580 | 金沢市鞍月1-1 |
| 福 井 県 庁 | 0776-21-1111 | 910-8580 | 福井市大手3-17-1 |
| 山 梨 県 庁 | 055-237-1111 | 400-8501 | 甲府市丸の内1-6-1 |
| 長 野 県 庁 | 026-232-0111 | 380-8570 | 長野市南長野字幅下692-2 |
| 岐 阜 県 庁 | 058-272-1111 | 500-8570 | 岐阜市薮田南2-1-1 |
| 静 岡 県 庁 | 054-221-2455 | 420-8601 | 静岡市追手町9-6 |
| 愛 知 県 庁 | 052-961-2111 | 460-8501 | 名古屋市中区三の丸3-1-2 |
| 三 重 県 庁 | 059-224-3070 | 514-8570 | 津市広明町13 |
| 滋 賀 県 庁 | 077-524-1121 | 520-8577 | 大津市京町4-1-1 |
| 京 都 府 庁 | 075-451-8111 | 602-8570 | 京都市上京区下立売通新町 |
| 大 阪 府 庁 | 06-6941-0351 | 540-8570 | 大阪市中央区大手前2-1-22 |
| 兵 庫 県 庁 | 078-341-7711 | 650-8567 | 神戸市中央区下山手通5-10-1 |
| 奈 良 県 庁 | 0742-22-1101 | 630-8501 | 奈良市大路町30 |
| 和歌山県庁 | 073-432-4111 | 640-8585 | 和歌山市小松原通1-1 |

| 鳥取県庁 | 0857-26-7111 | 680-8570 | 鳥取市東町1-220 |
| 島根県庁 | 0852-22-5111 | 690-8501 | 松江市殿町1 |
| 岡山県庁 | 086-224-2111 | 700-8570 | 岡山市内山下2-4-6 |
| 広島県庁 | 082-228-2111 | 730-8511 | 広島市中区基町10-52 |
| 山口県庁 | 083-922-3111 | 753-8501 | 山口市滝町1-1 |
| 徳島県庁 | 088-621-2500 | 770-8570 | 徳島市万代町1-1 |
| 香川県庁 | 087-831-1111 | 760-8570 | 高松市番町4-1-10 |
| 愛媛県庁 | 089-941-2111 | 790-8570 | 松山市一番町4-4-2 |
| 高知県庁 | 088-823-1111 | 780-8570 | 高知市丸ノ内1-2-20 |
| 福岡県庁 | 092-651-1111 | 812-8577 | 福岡市博多区東公園7-7 |
| 佐賀県庁 | 0952-24-2111 | 840-8570 | 佐賀市城内1-1-59 |
| 長崎県庁 | 095-824-1111 | 850-8570 | 長崎市江戸町2-13 |
| 熊本県庁 | 096-383-1111 | 862-8570 | 熊本市水前寺6-18-1 |
| 大分県庁 | 097-536-1111 | 870-8501 | 大分市大手町3-1-1 |
| 宮崎県庁 | 0985-24-1111 | 880-8501 | 宮崎市橘通東2-10-1 |
| 鹿児島県庁 | 099-286-2111 | 890-8577 | 鹿児島市鴨池新田10-1 |
| 沖縄県庁 | 098-866-2333 | 900-8570 | 那覇市泉崎1-2-2 |

### C：全国家庭裁判所所在地一覧

▼北海道

| 札幌家庭裁判所 | 札幌市中央区大通り西12 | 011-221-7281 |
| 函館家庭裁判所 | 函館市上新川町1-8 | 0138-42-2151 |
| 旭川家庭裁判所 | 旭川市花咲町4 | 0166-51-6251 |
| 釧路家庭裁判所 | 釧路市柏木町4-7 | 0154-41-4171 |

▼東北

| 青森家庭裁判所 | 青森市長島1-3-26 | 017-722-5351 |
| 盛岡家庭裁判所 | 盛岡市内丸9-1 | 019-622-3165 |
| 仙台家庭裁判所 | 仙台市青葉区大手町2-26 | 022-222-4165 |
| 秋田家庭裁判所 | 秋田市山王7-1-1 | 018-824-3121 |

| 山形家庭裁判所 | 山形市旅籠町2-4-22 | 023-623-9511 |
| --- | --- | --- |
| 福島家庭裁判所 | 福島市花園町5-38 | 024-534-6186 |

▼関東

| 東京家庭裁判所 | 千代田区霞が関1-1-2 | 03-3502-8311 |
| --- | --- | --- |
| 横浜家庭裁判所 | 横浜市中区寿町1-2 | 045-681-4181 |
| 浦和家庭裁判所 | さいたま市浦和区高砂3-16-45 | 048-863-4111 |
| 千葉家庭裁判所 | 千葉市中央区中央4-11-27 | 043-222-0165 |
| 水戸家庭裁判所 | 水戸市大町1-1-38 | 029-224-0011 |
| 宇都宮家庭裁判所 | 宇都宮市小幡1-1-38 | 028-621-2111 |
| 前橋家庭裁判所 | 前橋市大手町3-1-34 | 027-231-4275 |

▼甲信越

| 甲府家庭裁判所 | 甲府市中央1-10-7 | 055-235-1131 |
| --- | --- | --- |
| 長野家庭裁判所 | 長野市旭町1108 | 026-232-4991 |
| 新潟家庭裁判所 | 新潟市川岸町1-54-1 | 025-266-3171 |

▼北陸

| 福井家庭裁判所 | 福井市春山1-1-1 | 0776-22-5000 |
| --- | --- | --- |
| 金沢家庭裁判所 | 金沢市丸の内7-1 | 076-221-3111 |
| 富山家庭裁判所 | 富山市西田地方町2-9-1 | 076-421-6131 |

▼東海

| 名古屋家庭裁判所 | 名古屋市中区三の丸1-7-1 | 052-223-3411 |
| --- | --- | --- |
| 静岡家庭裁判所 | 静岡市城内町1-20 | 054-273-5454 |
| 岐阜家庭裁判所 | 岐阜市美江寺町2-4-1 | 058-262-5121 |
| 津家庭裁判所 | 津市中央3-1 | 059-226-4171 |

## 参考資料

### ▼近畿

| 大阪家庭裁判所 | 大阪市中央区大手前3-1-35 | 06-6943-5321 |
| --- | --- | --- |
| 京都家庭裁判所 | 京都市左京区下鴨宮河町1 | 075-722-7211 |
| 神戸家庭裁判所 | 神戸市兵庫区荒田町3-46-1 | 078-521-5221 |
| 奈良家庭裁判所 | 奈良市登大路町35 | 0742-26-1271 |
| 大津家庭裁判所 | 大津市京町3-1-2 | 077-522-4281 |
| 和歌山家庭裁判所 | 和歌山市二番丁1 | 073-422-4191 |

### ▼中国

| 鳥取家庭裁判所 | 鳥取市東町2-223 | 0857-22-2171 |
| --- | --- | --- |
| 松江家庭裁判所 | 松江市母衣町68 | 0852-23-1701 |
| 岡山家庭裁判所 | 岡山市南方1-8-42 | 086-222-6771 |
| 広島家庭裁判所 | 広島市中区上八丁堀1-6 | 082-228-0494 |
| 山口家庭裁判所 | 山口市駅通り1-6-1 | 0839-22-1330 |

### ▼四国

| 高松家庭裁判所 | 高松市丸の内2-18 | 087-851-1531 |
| --- | --- | --- |
| 徳島家庭裁判所 | 徳島市徳島町1-5 | 088-652-3141 |
| 高知家庭裁判所 | 高知市丸の内1-3-5 | 088-822-0340 |
| 松山家庭裁判所 | 松山市南堀端町2-1 | 089-945-5000 |

### ▼九州・沖縄

| 福岡家庭裁判所 | 福岡市中央区大手門1-7-1 | 092-711-9651 |
| --- | --- | --- |
| 佐賀家庭裁判所 | 佐賀市中の小路3-22 | 0952-23-3161 |
| 長崎家庭裁判所 | 長崎市万歳町6-25 | 095-822-6151 |
| 大分家庭裁判所 | 大分市荷揚町7-15 | 097-532-7161 |
| 熊本家庭裁判所 | 熊本市千葉城町3-31 | 096-355-6121 |
| 鹿児島家庭裁判所 | 鹿児島市山下町13-33 | 099-222-7121 |
| 宮崎家庭裁判所 | 宮崎市旭2-3-13 | 0985-23-2261 |
| 那覇家庭裁判所 | 那覇市樋川1-14-10 | 098-855-1000 |

D：主な団体の所在地

①㈳日本自閉症協会
〒104-0044　東京都中央区明石町6－22
　　　　　　　ダヴィンチ築地2　6F
TEL 03-3545-3382
http://www.autism.or.jp


②全国LD親の会
〒162-0823　東京都新宿区神楽河岸1－1
　　　　　　　東京ボランティアセンター気付27号
FAX 020-4669-0604（A4　1枚以内）
E-mail jpald@mbm.nifty.com
http://www.normanet.ne.jp/~zenkokld/zenkoku.html


③全日本視覚障害者協議会（全視協）
〒169-0072　東京都新宿区大久保1－1－2富士一ビル4階
（NPO）日本障害者センター内
TEL 03-3207-5871 FAX 03-3207-5872
http://www.normanet.ne.jp/~zensi/


④㈳日本てんかん協会（波の会）本部事務局
〒162-0051　東京都新宿区西早稲田2－2－8
　　　　　　　全国心身障害児福祉財団ビル4F
TEL 03-3202-5661 FAX 03-3202-7235
E-mail nami@scan-net.ne.jp
http://www5d.biglobe.ne.jp/~jea/

⑤(社福)全日本手をつなぐ育成会
　〒105-0003　東京都港区西新橋2－16－1
　　　　　　　全国たばこセンタービル8階
　TEL 03-3431-0668 FAX 03-3578-6935
　E-mail ikuseikai@pop06.odn.ne.jp
　http://www1.odn.ne.jp/ikuseikai/

⑥(社)全国肢体不自由児・者父母の会連合会
　〒171-0021　東京都豊島区西池袋4丁目3番12号
　TEL 03-3971-3666 FAX 03-3982-2913
　E-mail web-info@zenshiren.or.jp
　http://www.zenshiren.or.jp/zenshiren/outline.html

⑦(社)全国重症心身障害児(者)を守る会
　〒154-0005　東京都世田谷区三宿2－30－9
　TEL 03-3413-6781 FAX 03-3413-6919

⑧全国障害者とともに歩む兄弟姉妹の会
　〒136-0073　東京都江東区北砂1－15－8 地域交流支援センター内
　TEL 03-5634-8790 FAX 03-3644-6808
　E-mail kyoudainokai@yahoo.co.jp
　http://www.normanet.ne.jp/~kyodai/top.htm

# 第2部　医療・福祉編

## はじめに

　電話相談の特質からいって「匿名性」もしくは「簡便性」にたった活動が数多く展開されている。電話相談に行政がこぞって参加するようになってからも、じつは多くは民間の機関の方が担っている割合が高いものと想像される。

　本編では「福祉」と「医療」分野に関わる電話相談について紹介するが、この分野は特にNPOや、自主的なグループによる運営が多いのが特色である。

①まだ行政に認知されていない、②行政が担うことはふさわしくない、③当事者性を担保することが必要である、④先駆的・試行的である、などの理由から多くの福祉的課題（もしくは福祉的課題となる以前）はたいていの場合に民間で担われてきたものである。

　しかし民間で担うには経済的問題がネックとなる。しかしそれでもある種の使命感に支えられて存続している機関は多い。

　「当事者グループ」の相談は広く括ると「ピア・カウンセリング」であるが、いわゆる専門機関と違って「医療前」「医療後」に特徴がある。

　福祉的電話相談の中でも一番最初に取りくまれたのは「いのちの電話」であるが、いのちの電話についてはこれまで多くの出版がなされてきているので本章では割愛させていただく。

　「いのちの電話」は「よろず相談」と位置付けられる傾向にあるが本来的には「自殺予防・防止」を主眼として開始されているものである。

　この「いのちの電話」に見るように「先駆的」「ボランティアによる」電話相談は当時としては画期的なものであった。

いのちの電話の活動が推し進めたのは「24時間相談体制」「自殺に関する様々な講演会活動」「全国組織としての展開」などと共に「ボランティア」による相談の担い手としての市民の参画であった。
　今回の企画として取り上げられなかった電話相談はたくさんあるのだが「ＬＡＰ」「犯罪被害者」「児童虐待」などについてはここで簡単に紹介しておきたい。
　「ＬＡＰ」は1993年に設立された民間の「エイズ」に関するＨＩＶ感染者・エイズ患者支援活動団体であるが、設立主催者自身がエイズ感染を告げられ、当時の社会的偏見・差別に対して同じ問題を抱えた人々を支援すべく組織を立ち上げているものである。
　そこでは「電話相談」が比較的早くから取りくまれているが、電話相談の「匿名性」は大きな力となっている。しかも、患者や感染者へのまなざしは「非難」「脅迫」が多い中で感染・発病した人々に「共感」「サポート」の視線を保持して関わることを重視してきている。
　「犯罪被害者相談」は、暴力犯罪等によって心に深い傷を負った被害者の人とその家族、犯罪で身近な方を亡くされた家族の人々に、精神的なサポートを行うことを目的として主に警察署や弁護士会に設置されている。
　「ストーカー」「家庭内暴力」「傷害・殺人事件」などの被害者・遺族・家族に対してのサポート機関であり、近年この種の被害者支援への関心の高まりから展開されているものである。
　多くの場合に「電話相談」が併置されており、「危機介入」「グリーフケア」としての電話の活用に特色がある。一連のオウム事件などをきっかけに被害者対策を求める声が強まり、全国の弁護士会や警察に専門の相談窓口が設置されるようなった。法制度の整備も進み、犯罪被害者保護関連２法が2000年に施行されている。このような機関における電話相談を含め相談活動の実態についてはカウンセリング的な関心から（禁

忌・配慮・特色）も取り上げたかった活動の一つである。

　もう一つが「児童虐待」であるが2000年の「児童虐待防止等に関する法律」の施行を機に各地で相談機関が特別に設置される傾向にあり、「児童虐待防止協会」では電話相談活動も取り組まれている。多くは「虐待」の発見・防止に主眼があり、発見・介入がなされた後の支援にまでは至っていないのが現状のように見える。

　児童虐待を防止するために、医療、保健、福祉、法曹、教育、などの関係者により創設され、虐待から子どもを救い、親を援助するためのさまざまな活動を行い虐待防止を目指して、2002年に立ち上がっているのが多い。中でもその多くは「子育て支援」という枠組みから「親教育」「親支援」として展開されている。

　「家族相談」「子育て相談」「教育相談」など子どもや育児に関する相談は多いが「虐待」に特化した相談の課題や成果なども含めて実態について開示される必要があろう。（第1部第1章参照）

　今とりあげて説明したものは今回具体的に内容等について紹介できなかったものであるが、いずれも電話相談の特質としての「匿名性」や「危機介入」としての働きとして関心のもたれるところである。

　以下は本企画として取り上げたものであるが、これらについての位置づけをめぐって少し説明を加えてみたい。

## 1．「子宮筋腫・内膜症体験者の会」たんぽぽ

　さて、この会はいわゆる「当事者」によって取りくまれている電話相談の一つであるが、この会の特色は「全国」からの相談に応じるという点で「電話相談」の特色（非移動性・超地理性）が発揮されている。それ程多くないこの種の相談には必然的に全国から相談が寄せられるのであるが、医療にかかる前の不安、医療への不信、情報への期待、医療後の生活などおおくの問題が存在していることがわかる。

医療は「子宮」を取ってお終いであるが、じつはその手術の前そしてその後に「女性たちの絶望や悲しみ」が渦巻いている。こうした女性特有の問題について専門的知識とともに「共感」や「サポート」や「励まし」が必要である。

## ２．「友愛電話・こもれび」

この会の活動は少し変わった電話相談活動である。それは多くの場合に電話をかけるのは相手方つまり相談者であるが、この会の場合には電話をかけるのは「相談員」の側である。それだけに電話代の負担が気にかかるが、「社会福祉協議会」のバックアップで「福祉電話」という位置付けとなっている。

「一人暮らし老人」世帯に対して「安否確認」を中心としたアプローチとして取りくまれてきたが、その中で「孤独」や「不安」などが語られることが多い。会員登録制と相談員側からの電話というシステム自体面白いが、自治体が直接的に関与することなくボランティア団体に委託して行なわれることで「行政に対する要望」なども寄せられる可能性がある。問題はこの先に行政が高齢者に対しての施策としてどの様に様々に寄せられる課題にアプローチできるか、行政とボランティア団体との信頼関係をどの様に作っていくかなど興味は尽きない。

いずれにしても、高齢者に対して社会の側からアプローチすることで「緊急時」への対応や高齢者が移動や歩行に不自由となっても身近にコミュニケーションできる媒体があるということは電話相談の持ち味を生かしていることとして評価できよう。

## ３．「精神科救急情報窓口」

この活動も「電話相談」という枠組みから見ると少し変わっている。この活動は「救急外来」の案内や紹介といった活動として位置付けられ

ているものであるが、対象が「精神科」という点でいくつもの複雑さを孕んでいる。情報提供という働きの中にある当事者本人の混乱・迷い・抵抗・パニックなどと共に家族のそれらも同時にもたらされる。

電話が持つ「緊急対応」としての力が遺憾なく発揮される部分であろう。行政が市民サービスとして設置しているものであるが、保健相談という側面もあり「専門家」の知識や地域情報、また、医療機関情報などの理解が求められている。

### 4.「女性相談」

これも行政の市民サービスの一環として設置されているが、「女性が抱える」相当に広く深い問題に対して電話での対応を行なっているものである。「母」として「妻」として「姑」として家族の渦の中で、最も家族に近いところで困難を抱える女性たちの苦悩は多い。

女性たちへの「エンパワーメント」という側面が近年強くなってきつつあるが、「児童虐待」問題の背後にある「追い詰められ」「疎外」されている女性たちの姿がある。「虐待」を非難したり、倫理的に指摘することはやすいが、女性たちの苦悩そのものを全体として受け止める「場」と「関係」がほとんど存在していない現状で、ただただうろたえるしかない人々に何とか自分を見つけてもらいたいものである。

一方では「DV」の被害を受けつつそこから「抜け出られずにいる」女性たちの多くは「閉塞状況」におかれている。「女性が女性に対してサポート」する「場」としての働きは特に今後注目されていくことであろう。

今回ここで紹介できなかった「福祉・医療関係」の電話相談機関は膨大であるが、今回紹介した機関を参考として基本的な位置づけや展望を理解いただきたい。

それぞれは独自の使命を持って設立され、またそれぞれは独自の課題や展望を抱えてもいる。今後の活動の中でいくつかの積極的役割は明らかとなり、いくつかは限界を味わうこととなるであろう。しかし、電話相談が開いた新しい形での社会へのかかわりの展望が否定されることは無いものと信じる。

# 第1章 医　　療

## 1．「子宮筋腫・内膜症体験者の会」たんぽぽ

　たんぽぽは子宮筋腫や内膜症など婦人科疾患を持つ人たちの自助グループで、平成17年1月現在会員数約800人である。隔月の会報「たんぽぽ通信」の発行と、横浜・立川・船橋・松本・福岡の全国5ヶ所で開かれている例会を活動の中心としている。その他の活動としては小冊子の発行、セミナーや講演会の開催、セミナーの記録ビデオの作成・貸出、電話相談やメール相談、会員へのアンケートをまとめた病院情報（病院データベース）の作成、そして視覚障害者のための点訳版や音訳版冊子の作成など多岐に渡っている。これらの活動は全て会員がボランティアとして行っていて、活動の中には会員だけを対象としたものもあるが多くは非会員も参加できるし利用できる。例えば電話相談の場合、平成14年9月〜平成15年8月までの1年間については相談者の約90％は非会員である。

**たんぽぽ電話相談の成り立ち**
　たんぽぽは1994年から自助グループ活動を始めた。事業の1つ、電話相談の特徴は2点ある。1点は発足当時、必要に迫られて自然発生的に始まったものであること。2点目は、電話相談の受け手（相談員）が、医療や相談の専門家ではなく体験者（会員）であることである。電話相談の始まりはグループの発足と深い関係がある。たんぽぽの準備会発足のきっかけは、94年1月に行われた子宮筋腫の手術ビデオの上映会であった。その開催が新聞で報道され、主催者（後に準備会発起人）の自宅に約1週間で200件を越える電話がかかってきた。そればかりではない。

上映会が終わった後も、「子宮筋腫と言われたんです、どうしたらいいか……」という相談の電話が毎日繰り返された。上映会用の連絡先だったにもかかわらず昼夜関係なく毎日途切れずに1年以上も続いたため、「これ以上は自宅では対応しきれない、自助グループとしてはこのような相談電話にもきちんと対応すべきでは？」という提案となった。これを取り入れて95年、自助グループとして正式に発足したのを機に、専用の電話を設けて電話相談を開始したのである。当初、医療に関する相談を医療者ではない自助グループの会員が受けることについては不安があったが、電話相談の中で話された相談者の言葉によってその不安を乗り越えることが出来た。それは「医療者には患者である自分の実感がなかなか受け入れてもらえなかったが、同じ病気で悩んでいる体験者と話すことによって、初めて共感してもらった感じがする」などの言葉であった。そしてこうした相談者の言葉に、医療者ではない同じ立場の当事者が行う電話相談の意味と価値を改めて気付かされた。

　その後98年からは相談日も増え相談員も複数となった。相談員の養成や研修も行い、相談員の数も増加した。そして現在は8人が電話相談員として活動している。

## たんぽぽ電話相談の体制

　電話相談は現在毎週金曜日の10時〜13時と第1、第2土曜日の10時〜12時に開設されている。金曜日は固定電話で土曜日は携帯電話で行なっているが、金曜日は4人の相談員そして土曜日は3人の相談員が各人の都合にあわせてローテーションを組み、毎回2〜3人で相談電話に対応している。電話終了後には相談記録を書いているがその集計によれば、平成14年9月〜平成15年8月の1年間で、金曜日は電話相談回数45回（135時間）で相談件数は272件（1回当たり平均約6件）、土曜日は電話相談回数20回（40時間）で相談件数は36件（1回当たり平均約1.8件）

第1章　医　療

であった。金曜日と土曜日をあわせた合計の電話相談回数は年間65回（175時間）で相談件数308件（1回当たり平均約4.7件）であった。1件の相談電話に要した時間は、ほとんど間をおかずにかかって来る金曜日の平均で約30分であるが、実際はたんぽぽの活動についての問い合わせのような10分程度のものから1時間をこえるものまで様々である。

**たんぽぽ電話相談の基本姿勢**
　たんぽぽの電話相談では相談を受ける時の基本姿勢として次のようなことを心がけている。
(1)同じ患者としての立場に立って相談者の声に耳を傾け、その思いを受けとめるという受容と共感を基本とする。
(2)相談者が自分なりの答えを見つける手助けをする。例えば相談者が診断を受けたばかりで混乱していたり、情報を集めすぎてかえって選択できなくなっていたりするような場合、相談者にとって何が一番問題なのか相談者と共に情報を整理しながら考えていくというようなことである。
(3)わからないことについては無理に答えようとしない。不明な点がある場合は一旦電話を保留にして他の相談員に相談したり、資料を確かめたりして確認する。しかしそれでもわからない場合は医療の専門家ではないのでわからないと伝えた上で主治医や専門家に尋ねることを促したり、どのようにしたら自分に必要な情報が得られるかを共に考える。
(4)複数の相談員で担当する。これは電話終了後、相談員同志で話すことによって気持ちの整理をつけるためと、主に知識について独断を避けたり資料を調べたりして客観性を持たせるためである。また次の電話までに間がないため電話の合間に相談記録をつける時間を確保するためでもある。

(5)病院や医師の安易な紹介はせず、相談者自身が自分にあった病院を探すための手段を提供する。具体的にはたんぽぽの病院データベースや相談者の近くの地域のグループを紹介するなどである。どんな病院や医師が良いと考えるかは患者によって異なるため、一概に病院や医師を紹介することはしない。
(6)非会員からの電話相談は原則として1回とする。それはひとりの相談員とのやり取りを通して考えるより、複数の人とのやり取りや複数の資料から考える方が相談者にとって役立つ、とたんぽぽでは考えているからである。そのため電話相談のあとで相談者自身が考えるための手助けとして、書籍やビデオ、体験者のいる例会などを紹介する。また他のグループの方がより適切な支援を受けられると思われる場合には他のグループを紹介する。

## たんぽぽ電話相談の現状

前に述べたように、たんぽぽ電話相談では電話終了後に相談記録をつけている。そこには主訴や対応を記すと共に、わかる場合について相談者の情報（年齢、居住地、診断名など）を記し、相談内容を「相談の性質」と「提供した情報」にわけていくつかの項目から選択するようにしている。その相談記録を平成14年9月～平成15年8月の308件について集計した。

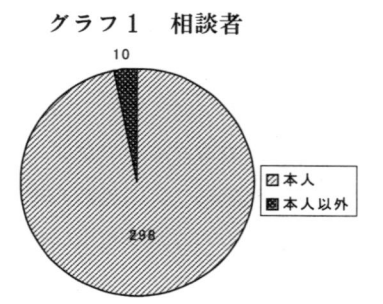

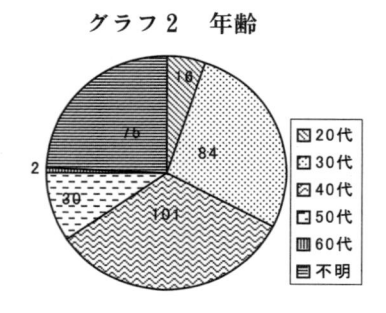

グラフ1　相談者
10
298
■本人
■本人以外

グラフ2　年齢
18
84
101
39
2
76
■20代
■30代
■40代
■50代
■60代
■不明

本人以外としては、夫、母親、姉妹などがある。

第1章　医　　療

　相談者の年齢は20代から60代と幅広い年代にわたっているが、最も多いのは40代、次いで30代で年齢のわかっているもののうち約80%を占めている。たんぽぽ電話相談では疾患名として子宮筋腫の割合が高いため、子宮筋腫の発見されることの多い30代・40代の女性からの相談が多くなっていると考えられる。子宮筋腫や内膜症などは基本的に良性疾患であり、その治療については時間をかけて考えることの出来るものである。しかし女性には妊娠や逃げ込み（手術せずに閉経をむかえること）という年齢に関わる問題があり、どんな治療を選ぶかということがその後の生活に大きな影響を与える可能性がある。そのため相談者と共にどうしたら良いかを考える場合に年齢も考慮する必要があり、相談員の方から年齢を尋ねることもある。

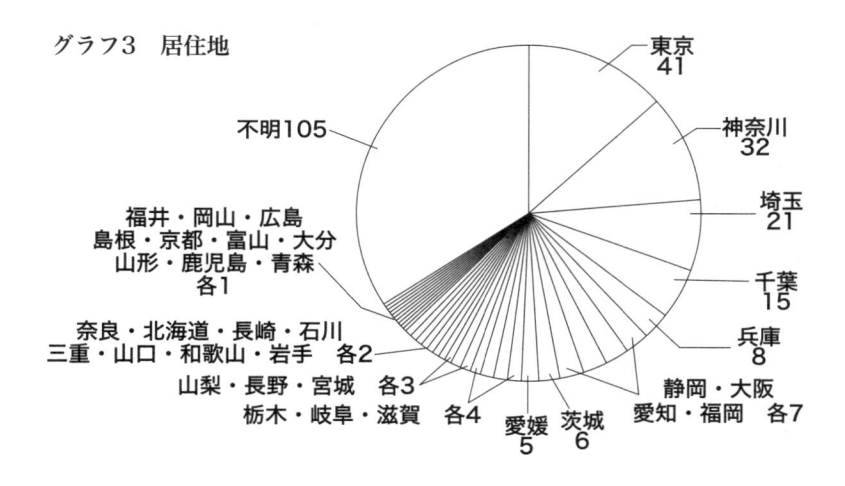

グラフ3　居住地

東京　41
神奈川　32
埼玉　21
千葉　15
兵庫　8
静岡・大阪　愛知・福岡　各7
茨城　6
愛媛　5
栃木・岐阜・滋賀　各4
山梨・長野・宮城　各3
奈良・北海道・長崎・石川　三重・山口・和歌山・岩手　各2
福井・岡山・広島・島根・京都・富山・大分・山形・鹿児島・青森　各1
不明　105

　相談者の居住地については、わかっているもののうちでは東京、神奈川、埼玉、千葉など首都圏が多い。それはたんぽぽの事務所や活動の場所が首都圏に多いことと関係していると思われるが、昼間の市外通話にもかかわらず、全国から相談の電話が寄せられていることがわかる。またこの時期ではないが海外からの相談もあり、地域に限定されない電話

113

相談の特長が現れているといえよう。さらに疾患のためにあまり遠くへは出かけられない方からの相談もあり、その点も電話相談の利点と考えられる。

**グラフ4　診断名（重複あり、308件中）**

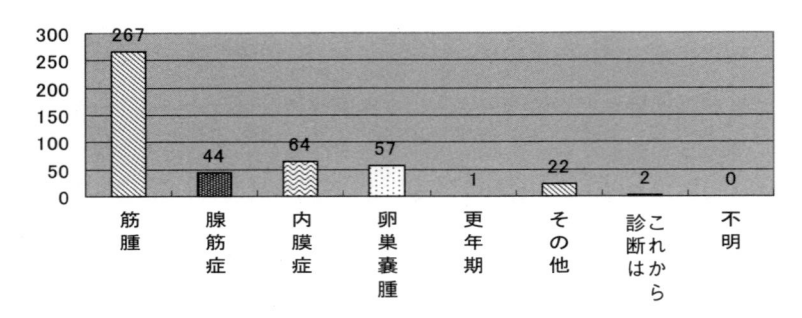

| 筋腫 | 腺筋症 | 内膜症 | 卵巣嚢腫 | 更年期 | その他 | これから診断は | 不明 |
|---|---|---|---|---|---|---|---|
| 267 | 44 | 64 | 57 | 1 | 22 | 2 | 0 |

　医師から告げられている診断名として、80％以上の相談者が筋腫をあげている。またこのグラフを見てもわかるように重複して疾患を持っている相談者がかなりある。また少数だが「その他」の中にはがんや肉腫の疑いというものもある。

**グラフ5　相談内容…主たる相談の性質（重複あり、308件中）**

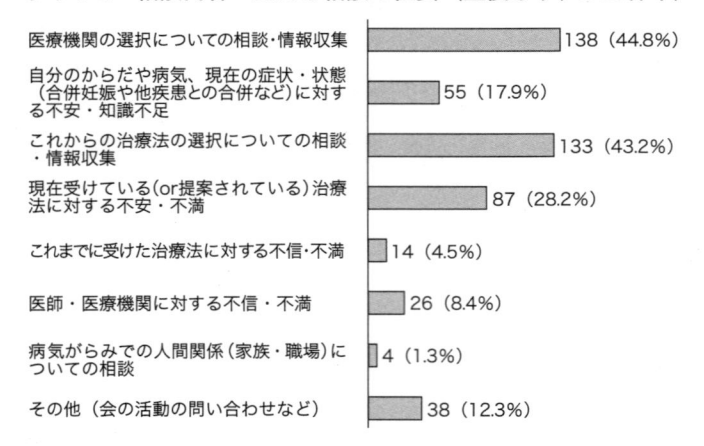

| 項目 | 件数 |
|---|---|
| 医療機関の選択についての相談・情報収集 | 138（44.8％） |
| 自分のからだや病気、現在の症状・状態（合併妊娠や他疾患との合併など）に対する不安・知識不足 | 55（17.9％） |
| これからの治療法の選択についての相談・情報収集 | 133（43.2％） |
| 現在受けている(or提案されている)治療法に対する不安・不満 | 87（28.2％） |
| これまでに受けた治療法に対する不信・不満 | 14（4.5％） |
| 医師・医療機関に対する不信・不満 | 26（8.4％） |
| 病気がらみでの人間関係（家族・職場）についての相談 | 4（1.3％） |
| その他（会の活動の問い合わせなど） | 38（12.3％） |

第1章　医　　療

　「主たる相談の性質」では、「医療機関の選択についての相談・情報収集」と「これからの治療法の選択についての相談・情報収集」が共に約45％と多くなっていて、どの病院（医師）にかかったら良いかとかどんな治療法が良いかという相談が多いことがわかる。一方「これまでに受けた治療法に対する不信・不満」や「医師・医療機関に対する不信・不満」は10％以下であるが、その中には治療法について複数の選択肢があることを示さずに手術するしかないと思わせたり、手術の結果が予定通りでなかった場合に術後の患者の訴えに耳を貸さなかったりするなど、医療機関や医師の側に誠実な対応が見られないというような相談がある。

**グラフ6　主に提供した情報（重複あり、308件中）**

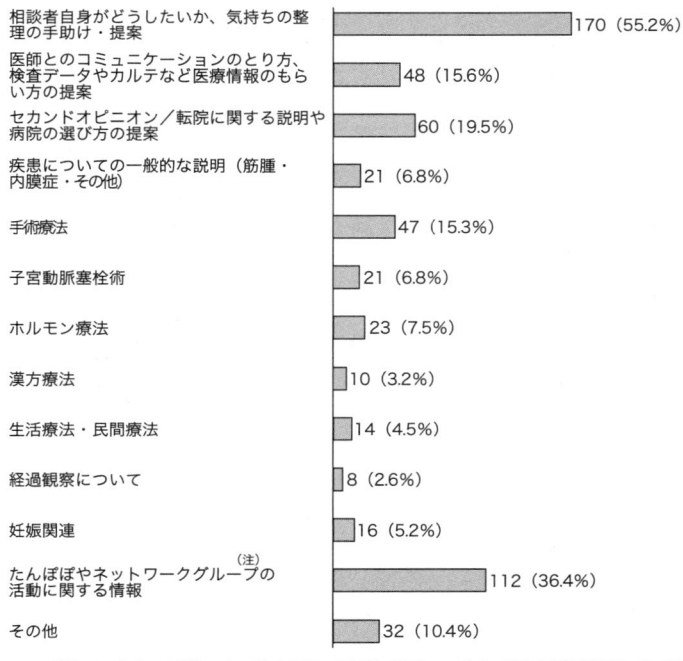

| 項目 | 件数（％） |
|---|---|
| 相談者自身がどうしたいか、気持ちの整理の手助け・提案 | 170 (55.2%) |
| 医師とのコミュニケーションのとり方、検査データやカルテなど医療情報のもらい方の提案 | 48 (15.6%) |
| セカンドオピニオン／転院に関する説明や病院の選び方の提案 | 60 (19.5%) |
| 疾患についての一般的な説明（筋腫・内膜症・その他） | 21 (6.8%) |
| 手術療法 | 47 (15.3%) |
| 子宮動脈塞栓術 | 21 (6.8%) |
| ホルモン療法 | 23 (7.5%) |
| 漢方療法 | 10 (3.2%) |
| 生活療法・民間療法 | 14 (4.5%) |
| 経過観察について | 8 (2.6%) |
| 妊娠関連 | 16 (5.2%) |
| たんぽぽやネットワークグループ(注)の活動に関する情報 | 112 (36.4%) |
| その他 | 32 (10.4%) |

（注）ネットワークグループ：「たんぽぽ」の趣旨に賛同して、各地で独自の活動を展開している自助グループ

「提供した情報」については「相談者自身がどうしたいか、気持ちの整理の手助け・提案」が50％以上と最も多くなっている。それに対して、疾患についての説明や治療法についての情報提供が、その中でも最多の手術療法でも15％程度となっているのは、医療情報や知識の提供より、相談者が自分なりの答えを見つける手助けをすることに主眼を置くというたんぽぽ電話相談の基本姿勢の現れと理解できるように思う。また「たんぽぽやネットワークグループの活動に関する情報」が30％以上と多くなっているが、それは医療機関の選択に迷っている相談者を支援するために、たんぽぽの病院データベースや例会、相談者の地元の自助グループを紹介することが多いためと考えられる。

**最近の電話相談の傾向**

電話相談を始めた頃は、情報がないためどうしてよいかわからないという相談が多かったが、最近の相談からは多くの断片的な情報に混乱したり、自分自身で治療を選ぶという自己決定の重さに戸惑う相談者の姿が浮かんでくる。例えば自分の身体の状態さえきちんと把握していないまま先端の治療や技術について相談したり、医師から複数の治療法を示されて「医師なのに治療法を決めてくれない」と不信感を持つといったものである。このような場合、これまでの日本の医療の場では患者の自己決定という考え方もなく、情報もないまま医師に任せるほかなかったという事情を理解した上で、これからは自分にとって必要な情報をきちんと選び取って、自分自身で決定するという意識を持つことが必要である、という考え方を伝えるようにしている。

**電話相談の実際**

たんぽぽ電話相談の事例を4例挙げてみた。
事例1　相談員の経験を話すことによって相談者の不安が軽くなった事例

# 第1章 医　療

（筋腫・内膜症・卵巣嚢腫　40代）40分
〔相談内容〕
　43歳の主婦。来週子宮と卵巣の片方を取る手術をする予定である。自分としてはもう決めているのだが、手術が近くなってくるといろいろと不安が出てきた。手術の日は月経にあたりそうなので出血が増えるのではないかと心配である。また残った卵巣や支持組織はどうなるのだろうか？　また麻酔についても心配だ。全身麻酔と聞いているが、後が苦しいとか聞くと不安になって……。

〔対　応〕
　目前に迫った手術に対する不安。本人としては、手術を受ける決心はついているのだが、いろいろ考えるうちに細かな疑問点がわいてきて不安になってしまった。しかし、それらの疑問について医師に質問したら「信頼していないのか？」と言われそうで質問できない。そのため少しでも不安を晴らそうと、たんぽぽに電話をかけてきたものと思われる。
　そこで、まず相談者に主治医が月経中の手術についてどう言っているのかを確認（医師は問題ないと言っている）。その上で「医師も問題ないと言っているのだし、輸血用に自己血もとってあるのだから、あまり過剰に心配しなくても大丈夫ではないか」と伝えた。また、たんぽぽの手術記録ビデオから得た知識と自分の手術体験から、「子宮全摘術の場合はメスを入れる前に動脈を先に縛ってしまうので、筋腫核出術と比べてもともと出血量はかなり少ない、残った卵巣については骨盤内に固定されるらしい。全身麻酔は人によって吐き気がひどいこともあるようだが、私の場合は全然吐き気はなく、むしろ咳が辛かったので吸入を受けて楽になった……」など、手術に関してなるべく具体的な情報を提供して、不安を除くようにつとめた。なお、それでもどうしても不安が残るようなら、手術を延期することもできるということは、こうした相談の場合、必ず伝えるようにしている。

117

自分の経験から手術前はどんなに些細な情報でも嬉しいと思う。実際には個人差が大きいので、その情報が相手には当てはまらない可能性も高く、そのことは繰り返し伝えるようにしているが、それでも前もってある程度具体的に手術をイメージできるようになると安心するようだ。今回の相談者も「身近に相談できる人がいなかったので、話をしただけでずいぶん気持ちが落ち着いた」と言っていた。

事例2　治療法の選択について……不明な点や知りたいことについては主治医に尋ねるように促した事例（筋腫　40代）30分

〔相談内容〕
　子宮筋腫があり、医師より筋腫の核出手術をすると言われた。開腹で手術を行うことになっているが、筋腫の摘出は腹腔鏡による手術でも可能なはずなので、入院期間が短くて済む腹腔鏡による手術を受けたいと思っている。しかし、医師は腹腔鏡のことについて何も話をしてくれずどうすればいいのか分からない。また、手術後のことについても、医師はほとんど話をしてくれないため、とても不安な気持ちでいる。

〔対　応〕
　相談の最初は腹腔鏡の手術を行うにはどうしたらいいかという内容が中心であったが、話を進めていくうちに、相談者は担当の医師に自分の希望や疑問に思っていることをほとんど伝えていないということが分かってきた。相談者は、医療の専門家である医師に、素人である自分が何か言うことはできないと思い込んでしまっており、それゆえか医療の専門家である医師は自分が知りたいこと（患者として知るべきことと相談者が思っていること）をすべて伝えてくれるものと考えているようであった。このため、自分が知りたいことを教えてくれない医師は信頼できないという不安を抱いたと思われる。このケースのように医師に自分の思っていることが伝えられない、「こんなことを聞いてもいいのだろうか？」といった気持ちになる人は決して少なくないと思う。私自身もそのよう

な思いを抱いて医師と接してきた経緯があるので、相談者の今おかれている状況が理解できるような気がした。しかし、医師と患者間のコミュニケーションも我々が日常生活で営んでいるそれと変わりないもの。疑問や希望があれば、相手に伝えていかなければ、自分自身が納得のいく治療が受けられないのではないか、という思いを相談者に伝えた。相談者もその考えに共感してくれたようであり「今度医師に話して見ます。」という言葉を相談者から聞くことが出来た。今後、相談者の行動が現在の受動的なものから、能動的なものに変わっていけば、医師に対する不安もある程度解消できるのではないかと思われた。ただし患者の質問に対し、医師から納得のできる説明や意見を得られない場合には、担当の医師を替えてもらうとかセカンドオピニオンを求める、あるいは病院を移る等の対応策の検討が必要となるのではないかということを伝え、相談を終了した。

事例3　漢方や民間療法について考え方や具体的な情報を提供した事例
　　（筋腫　30代）20分
〔相談内容〕
　昨年2.5センチの子宮筋腫が発見されたが何も治療はなく、1年後の先月また病院へ行って調べてもらったところ3.5センチになっていた。つぎは3ヶ月後に受診するようにと言われ、もし大きくなっていたら手術を考えたほうがいいという診断だった。しかし今のところ何も治療はしていない。このまま何も治療しないでいるとどんどん大きくなるのではないかと心配になったので、筋腫を大きくしないために何か自分でも出来ることをしたいと思っている。それで漢方を飲んでみたいのだがどうだろうか？　今の主治医は漢方を扱っていないので、どこで買ったらいいかわからない。また友達から民間療法で良いのがあると聞いたが、それはどうだろうか？

〔対　応〕
　特に治療をしないで経過観察をすることになり、その間何か自分でも出来ることをしたいと情報を求めて電話をかけてきた相談者。冷えを感じる以外特に症状はないが、筋腫が大きくなると手術になるのではないかと不安を感じていると話し、経過観察の間に漢方を使いたいので漢方を処方してくれる所を知りたいということだった。そこで、漢方は身体全体を整えていくことを目的としているという漢方の考え方を話し、相談者の全体的な身体の状態や生活状況を共に見直した。また、漢方は体質により処方が異なるので勝手に自分で買って飲んだりせず、医師に相談して医師に処方してもらうか漢方薬局で処方してもらうほうがいいのではないかということを話した。そして漢方の製薬会社に、相談者の住んでいる地域で漢方を扱っている医院や薬局を聞いてみるようにと複数の会社の電話番号を知らせた。次いで民間療法については、相談者に尋ねられた療法は知らないということと一般的な民間療法についての注意点を話した。さらにあまり身体に無理をかけないように自分の生活を見直していくことが大切だし、またストレスも筋腫には良くないといわれているのでストレスを溜めないようにと話したところ、相談者は納得したようで「話をして気が楽になりました。」と言って電話を切った。

事例4　障害のある相談者に何も援助が出来ず無力感を感じた事例
　　（筋腫　30代）15分
〔相談内容〕
　筋腫があり手術した方が良いと言われているが、障害があり車椅子の生活なのでできたら腹腔鏡で筋腫を取りたいと思う。しかし今かかっている病院では腹腔鏡の治療をやっていないので、どこの病院でやっているかを知りたい。2軒の病院に電話してその治療をやっているかどうかを尋ねてみたが、取りあえず病院へ来るように、と言うだけで教えてもらえなかった。自分は障害者であり病院へ行くのも大変なことを告げた

のだが対応に変わりはなかった。腹腔鏡を使った治療をやっている病院を教えて欲しい。

〔対　応〕

　病院の不親切な対応に腹がたったが、自分は何も出来ずただ話を聞くことしか出来なかった。たんぽぽの病院データベースの中に該当する病院があるかどうか調べることが出来れば良かったのだが、手元には病院データベースがなくそれが出来なかった。そこでたんぽぽに入会すればデータベースの内容がわかるので病院を探すことが出来るし、そのコピーを郵送するというサービスもあることを伝えたが、会費などを払うことが金銭的に難しいという返事だった。またパソコンで調べる方法も伝えたのだが、パソコンは持っていないし使えないとのこと。あとで病院を調べてこちらから電話をかけなおしてあげれば良かったのかもしれない……と相談が終わった後、無力感に苛まれた。この場合は医療の問題というよりは社会的な問題だと思うので、援助する手段として相談時に使える資料をきちんと整備しておけば、もう少し援助できたのではないかと今でも心残りである。

**たんぽぽ電話相談のこれからの課題**
- 相談員のボランティアとしての活動が、無理のない形で続けられるようなシステムにする。
- 電話相談についてだけでなく、例会やビデオの貸し出しなどのたんぽぽの他の活動についても知識を共有する。
- 医療事故や新しい治療法など、新しい医療情報が出た場合に相談員の間で知識を共有し、意見を交換できる体制を作る。
- 相談の際に利用できるような質料やレファレンス先のリストなどを整備する。
- 相談員の研修を充実させる。

これまでのところ必要に応じて医師や看護師による疾患の講義や心理職による傾聴の基本などについて研修を行ってきた。今後は少なくとも年1回は研修を行うことと新しい相談員が参加した場合に研修を行うことなどを考えている。
・電話回線の増設について検討する。
　現在金曜日の電話相談で使用しているのは1回線だけなので、相談電話はほとんど間をおかずかかってくる。そのため相談者から「やっとかかりました」とか、「ずっと話し中でした」と言われることが多く、回線を増やすことも検討中である。
・携帯電話の電話相談番号を知らせる方法を検討する。
　土曜日は携帯電話のためか相談件数が少なく時間的にまだ相談を受ける余裕がある。仕事を持っている女性の場合など、潜在的には土曜日の相談を望む人も多いのではないかと思われるので電話番号の告知方法によっては土曜日の相談がもっと増えるのではないかと考えている。

## 2．「精神科救急情報窓口の実際」

**はじめに**

　わが国における電話相談で最も有名なものの1つは、いのちの電話であろう。「電話相談」と聞いて多くの人が思い浮かべるのはいのちの電話のような、ゆっくり話を聞いてくれて落ち着かせてくれる電話相談ではないだろうか。本章では、そのような電話相談とはやや異なる、行政サービスによる電話相談について述べたいと思う。

　本章で取り上げる「精神科救急情報窓口」の主たる目的は、「平日の夜間や休日等の医療機関の開いていないことが多い時間帯に、救急で医療を必要としている人に医療機関を紹介すること」であり、首都圏にあるK県の行政サービスである。だが、そのような時間帯に受診できる医療機関は非常に数が少なく、医療を求める人全員に自動的に医療機関を教えるというわけにはいかない現状がある。また、K県では、人口当たりの精神病床数が全国的にも最低レベルであり（人口1万人に対し、全国平均32～33床、K県では約16床）、上記の時間帯でなくとも入院病床を確保することが困難な状況がある。そこでK県では、電話相談員が、電話の向こうにいる患者が"救急医療が必要な状態かどうか"のアセスメントをし、その上で医療機関を紹介するというシステムをとっている。そうしなければおそらく病院の受付はパンクし、ほんとうに救急医療が必要な状態の患者への対応が大幅に遅れることが想像される。本章では、このような行政サービスによる救急の電話相談について紹介するとともに、その特色や課題について述べる。

**わが国の精神科救急医療の制度について**

　精神科救急医療は、現在の日本では行政（主に都道府県）単位の制度となっている。内科や外科等の一般救急（119番をして救急車に来ても

らってというような救急）も、地域の消防署に救急車があったり、救急センターや休日急患診療所等の医療機関が自治体ごとに用意されている。精神科救急医療についても制度の担い手に関しては、一般救急とほぼ同じである。平成 7 (1995) 年度の厚生省からの通達（精神科救急医療システム整備事業）により、自治体は、市民が平日の夜間や休日・深夜に救急でかかることができる精神科の医療機関の整備を進めている。ちなみに、その場合の医療機関は各自治体内の精神科の専門病院が輪番制で担当する形態をとっている。

**K県における精神科救急情報窓口について**

　K県は平成 4 (1992) 年 7 月に精神科救急医療相談窓口（現、精神科救急情報窓口）を設置し、平成15 (2003) 年度には「精神科救急情報窓口」へと名称を変更し、現在に至っている。平成15 (2003) 年度には初期救急（精神科クリニックによる外来救急医療）も開始され、その事業は拡大している。本章では、紙面の都合上、初期救急については割愛し、精神科救急情報窓口のメインの事業である、入院を前提とした救急システムに関して紹介する。

　K県精神科救急情報窓口（以下「精神科救急窓口」とする）は、平日の17時から22時、土日の 8 時30分から翌朝の 8 時30分、祝日の 8 時30分から22時まで開設している、電話による救急受付窓口である。平成15年度から、K県内の 2 つの政令市も協力して運営することとなったので、現在、相談員はK県および 2 政令市の常勤職員およびK県非常勤職員がペアで常駐し、 2 回線で電話を受けている。

　精神科救急窓口では、電話で患者の現在の状態を伺い、その上で相談員や輪番制であらかじめ決められたその日の精神科の専門病院（以下、「当番病院」とする）の医師が、患者が救急医療が必要な状態かどうかのアセスメントを行い、救急の場合には患者に当番病院を紹介するとい

うシステムになっている。この場合の「救急医療が必要な状態」というのは、①幻覚・妄想による奇異な行動を認め、支離滅裂で了解不能、②興奮、落ち着きのない状態、③強度の不安・焦燥状態、④昏迷状態（無言・無反応・拒絶・拒食等）、⑤精神作用物質による精神症状、⑥向精神薬による副作用（アカシジア・急性ジストニア・パーキンソン症候群）となっている。このような状態の患者は、精神科医の診察によって入院が必要な状態とみなされることが想定される。よって、当番病院は空床を確保している。

**精神科の入院形態**

　以上のように、精神科救急窓口はいわば入院を前提とした窓口である。その上、実は、たいへん限定された種類の入院が対象となっているのである。精神科救急窓口における入院について説明する前に、以下に精神科における入院形態について補足しておく。

　精神科における入院は、精神保健及び精神障害者福祉に関する法律（以下「精神保健福祉法」とする）によって、任意入院・措置入院（緊急措置入院含む）・医療保護入院・応急入院という4種類が定められている。任意入院とは、患者本人の同意による入院であり、措置入院とは、自傷他害行為（自分やその他の人を傷つける行為）のおそれのある患者を警察が保護し、その後行われる入院であり、医療保護入院とは、自傷他害のおそれはなく患者本人の同意は得られないが医療および保護のため入院が必要とされる場合に、患者の保護者（親・配偶者等）の同意により行われる入院であり、応急入院とは、患者本人や保護者の同意が得られないが、医療および保護のため入院が必要とされる場合に行われる入院である。この4種類の入院は、緊急性の高い順に、措置入院、医療保護入院、任意入院と並べられる（応急入院は、患者本人の状態によって緊急性のレベルが異なる入院なので、ここでは同列には並べない）。

**精神科救急情報窓口が対象とする入院**

　措置入院や応急入院は患者本人や家族の意志に関わらず行われる入院なので、精神科救急窓口とは異なるルートでの入院である。また、任意入院ができる場合というのは、ある程度患者本人に病識があり落ち着いている状態であると言えるので、基本的には救急医療の対象となりにくい。精神科救急窓口で対応した場合の想定される入院形態は医療保護入院であり、すなわち保護者の同意が必要とされる入院である。

**精神科救急情報窓口における相談の流れ**

　電話がかかってくると、相談員はまず、患者の状態や精神科受診歴、通院や投薬状況等の患者にまつわる情報を電話をかけてきた人（以下、「相談者」とする）から集め、窓口のシステムを説明しながら相談者の主訴を確認し、現在の患者の状態をアセスメントする。

　次に相談員は、アセスメントをした内容に沿って、そのケースにどのような対応が可能か、どのような対応が最も適切かについてトリアージ（振り分け）を行う。患者が通院している医療機関がある場合には主治医やかかりつけ医療機関に相談することができないか、とんぷく薬等を飲むことで明日までしのげないか、ゆっくり話を聞いてもらえる電話相談に電話をすれば落ち着くことができるか等、活用できる資源についても相談者とともに模索する。

　その上で、救急医療につなげる必要があり、当番病院で受け入れ可能であろうと見込まれる患者に関しては、相談員が当番病院に連絡をし、相談者から聞き取った情報をまとめて伝え、受け入れを依頼する。当番病院の医師らが相談員が伝えた情報から患者の状態をアセスメントし、救急で受け入れ可能となった場合に、相談員は、相談者に当番病院の情報を伝え、患者とともに向かっていただく。このように、相談者と当番病院の間をつなぐリンケージ（紹介・調整）という役割も精神科救急窓

口の役割の一つである。

　ちなみに、その場合の搬送手段は特別なものは用意されていない。精神保健福祉法第34条では、医療保護入院のための移送について「都道府県知事は、指定医による診察の結果、精神障害者であり、かつ、直ちに入院させなければその者の医療及び保護を図る上で著しく支障がある者につき、保護者の同意があるときは、本人の同意がなくてもその者を医療保護入院をさせるため精神病院に移送することができる（略記）。」と定められているが、精神科救急窓口は、移送や診察の前に都道府県知事や指定医の介入しないシステムとなっており、上記の法律は適用されない（ちなみに、平日の昼間に保健所等が行っている活動で上記の法律は使用されている）。すなわち基本的には、当番病院までは患者とその家族に自力で行っていただくこととなっている。救急車や警察の協力が得られればそのような方法もあるが、どちらにせよ、搬送手段は患者本人や家族に準備していただく。

　また、前述のアセスメントとトリアージの結果、精神科救急窓口の当番病院紹介の対象ではないケースに対して、相談員は個々のケースに応じて簡単な助言をするとともに情報提供を行っている。内容は、電話相談機関の案内や、当日診療をしている医療機関の情報、翌日以降連絡ができる保健所や医療機関の情報等である。

　まとめると、精神科救急窓口の役割は、アセスメント（救急相談）・トリアージ（振り分け）・リンゲージ（紹介・調整）・情報提供および助言の4つに大別することができる。

**精神科救急情報窓口の限界**

　ここまで精神科救急窓口の概要について述べたが、当番病院の数が限られていることや精神科が人権問題の関係する分野であること等さまざまな理由から、精神科救急窓口にはいまだ限界がある。それでは、当番

病院へ紹介とならないケースにはどのようなものがあり、相談員はどのような代替案を提供して対応しているのであろうか。

①自傷他害行為のある場合

　前述したように、入院をさせなければ自分を傷つけたり他人を傷つけたりという自傷他害行為を行うおそれのある患者に関しては、患者本人や周囲の人の安全を確保するために警察官が患者を保護して通報し、行政処分として入院させる。その場合は精神科救急窓口とは異なるルートでの入院（措置入院）である。精神科救急窓口では医療保護入院の必要なレベルの患者を対象としており、自傷他害のおそれのある患者は対象外となるので、そのような患者に関しては、相談者に警察へ連絡し相談していただくよう助言をする。

②身体症状・疾患のある場合

　前述の精神症状に加え、発熱、意識障害、外傷、骨折等の身体症状があり、内科・外科的処置及び観察の必要がある場合は、先に一般救急の受診を助言する。精神科救急窓口で用意している当番病院は精神科単科の医療機関であり、内科や外科的処置ができないからである。このように説明するとシンプルなようであるが、近年は患者が高齢者という相談も多く、身体疾患を抱えている場合が多い。そのようなケースでは「精神的に落ち込んでいたので内科のかかりつけ医に行っていなかった」というようなこともあり、激しい精神症状があるにも関わらず、一般科の処置が優先される場合もある。

③アルコール問題のある場合

　泥酔、酩酊状態の患者は適切な診察が出来ないため、当番病院紹介の対象となり得ない。現在飲酒中の患者やその家族からの相談があった場合は、上記の旨を伝え、翌日以降にかかりつけ医療機関等へ行っていただくよう、助言をする。ただし、飲酒中ではない患者で、アルコール問題はある者が、精神症状が激しく医療が必要とされる場合

（アルコール離脱症状による、せん妄状態など）には、当番病院紹介の可能性はある。
④薬物問題のある場合
　覚せい剤等の違法薬物の問題がある患者も、当番病院紹介の対象とならない。尿検査で陽性反応がでた、または使用や売買等がはっきりしている場合は、相談者に警察への連絡を助言する。ただし、現在覚せい剤等の使用はないが、過去の薬物使用による後遺症（フラッシュバック等）による精神症状が見られる場合には、当番病院紹介の可能性はある。
⑤単身者の場合
　前述のとおり精神科救急窓口での入院は医療保護入院を前提としているので、当番病院への受診には保護者となりうる者の同行が原則である。単身者の場合も保護者となりうる者へ連絡を取り、同行していただく。保護者となりうる者がいない場合やその義務を果たし得ない場合は「市町村長同意手続き」が必要となるので、入院後当番病院がその手続きをとることとなる。保護者はいるが連絡がつかない場合には当番病院紹介は不可能となり、相談員は、翌日以降にかかりつけ医療機関等に相談をしていただくよう助言をする。
⑥身元不明者の場合
　身元不明者は基本的に対象とはならない。警察等で身元を照会してもらうことが前提となり、その上で保護者等や保険等を確認できれば、当番病院紹介の可能性が生じる。前述した応急入院が必要となる場合はそちらのルートでの対応となる。
⑦生活保護受給者の場合
　生活保護受給者や、今後生活保護が必要なことが予測される場合は、相談員が当番病院にその旨を伝え、翌日以降に生活保護の担当窓口に連絡していただけるよう口添えする。ただし、生活保護受給者の入院

の場合には、生活保護の制度で賄えない費用（差額ベット代金など）の未収金が生じる可能性もあるので、実際には当番病院紹介が難しい場合が多い。
⑧外国人の場合
　外国人の場合には、不法滞在者でなければ、保護者（身元保証人）・保険の種類・言葉・生活習慣等について確認がとれ、入院に問題がないようであれば、当番病院紹介の可能性がある。また、保険がない場合でも、自費で医療費の支払いが可能であれば、当番病院紹介の可能性がある。
⑨話を聞いて欲しい等の相談の電話の場合
　電話による相談を求めてきた相談者に対しては、精神科救急窓口の説明をし、できるだけの情報提供をした上で、電話相談機関（いのちの電話や保健所等の行政の電話相談サービス等）をアナウンスする。

**精神科救急情報窓口の性質**
　ここまで、精神科救急窓口の内容について述べてきたが、次に、精神科救急窓口の性質について述べたい。
　①電話相談機関との共通点と相違点
　まず、章の始めにも述べたが、いのちの電話等のいわゆる電話相談機関（以下、電話相談機関とする）との共通点と相違点について述べる。共通点としては、どちらも"危機介入の窓口である"ということが挙げられる。ただ、これは大まかなくくりであることに留意しなくてはいけない。電話相談機関への電話における「危機」とは、主に自殺のことを指すのに対して、精神科救急窓口への電話における「危機」とは主に激しい精神症状のことを指す。これは、どちらがより緊急度が高いと比較できるものではなく、窓口の性質の違いによるものである。「危機」にもさまざまなものがあり、それに対応するさまざまな

窓口が存在するのである。

　次に、相違点についてであるが、前述したとおり、精神科救急窓口は基本的にはカウンセリング技法によって相談者の相談にのる窓口ではなく、相談者が現在困っている状況に対して具体的な解決策や対応方法を模索する窓口である。この点は電話相談機関とは大きく異なる。精神科救急窓口は、カウンセリング等の心理学的な視点よりもむしろ、ケースワーク等の福祉学や社会学的な視点を持って対応している窓口であると言える。もちろん、相談者が自殺等の実行をほのめかすような場合は慎重な対応が必要とされるが、精神科への受診が目的ではなく話を聞いて欲しいという相談者には、窓口の主旨を説明して、電話相談機関をアナウンスし、そちらに電話をかけていただくようお願いしている。

　もう1つの相違点として、電話相談機関においては名乗りたくなければ名乗らなくてもよい場合が多く匿名性が守られるのに対し、精神科救急窓口では患者の過去及び現在の精神科の受診にまつわる情報を積極的に収集するという点があげられる。当番病院へ紹介する場合には、本人の氏名、住所、連絡先、生年月日、加入している保険の種別、保護者の氏名も伺うことになっており、必要な場合には家族構成についてもたずねる。

②精神科救急情報窓口のメリット・デメリット

　次に、精神科救急窓口が電話によるサービスであるということのメリットとデメリットという観点から、精神科救急窓口の性質を考える。まずメリットについては、電話という手段の特色として、即時性・即応性、時間・場所の制約を受けないこと、経済性がある。これは、他の電話相談機関とも共通のことであり、電話相談機関に関する著書を参考にしていただきたい。

　デメリットと言うほどではないが、起きている問題として、平日の

夜間や休日に電話を受けている窓口であるので、他の電話相談がやっていないという理由で電話をかけてくるケースが多いことがある。このような相談者に対しては、相談員は窓口の主旨を説明し情報提供をして電話を終えるよう心がけている。

**今後の課題**

最後に、精神科救急窓口の今後の課題として考えられることを述べる。
①制度の整備

「精神科救急情報窓口の限界」の項でも述べたように、精神科救急窓口を通して当番病院紹介という対応を受けられるケースは数少ない。精神科という、人権に深く関係する分野の救急であることから、法律に関係する事柄による制限（保護者の同伴や同意が必須であることなど）は致し方ないが、単純に制度の限界によって対応できない場合も存在している。具体的には、搬送手段がないこと、身体合併症がある場合に対象外となってしまうこと、アルコールや薬物問題に対応しきれないこと、救急で準備できる当番病院の少なさ等がある。このような問題に対しては、一般救急の搬送との協力、他科併設の精神科病院の用意、依存問題専門病院やセンターの確立、当番病院の拡大等が必要であり、一朝一夕には解決しないであろうが、今後の改善の余地のある部分と言える。

②専門性の向上

第二に必要なことは、相談員の専門性の向上である。精神科救急窓口の相談員が電話がかかってきたときにいちばん初めにするべきことは、患者の状態のアセスメントである。実際に目の前にいない患者について、患者や家族から得られる情報のみでアセスメントを行うには、専門的な知識があればあるほど正確なアセスメントに近づくであろう。現在、精神科救急窓口の相談員は、ある程度の専門性を身に付けた者

がペアで仕事をすることによって、複数人のアセスメントが反映できるような体制をとっている。しかし、構造化された研修を受ける機会は少なく、専門性の向上は個々の相談員に任されている。行政サービスの窓口である以上、地域住民の福祉のために、相談員はより正確な専門的判断ができることが望ましい。

③相談員のメンタルヘルス

　第三に、相談員のメンタルヘルスの問題がある。繰り返しになるが、精神科救急窓口では、様々な条件が整ったケースに対してのみ救急の当番病院を紹介できる。しかし、相談者のうちの大多数は精神科の救急医療機関が数少ないということを知らずに電話をかけてきている。当日に医療機関を紹介できないことは多々あり、そのことは救急で電話をしてきた相談者にさらなるストレスを与える。相談員は、そのような相談者からののしられたり脅されたりという心理的な攻撃を受けることもある。このような場合を含めた、相談員のメンタルヘルスに対するケアは、今後確立していくべき課題であろう。

# 第2章 福　　祉

## 1.「友愛電話 K会」

　毎月、月曜・金曜の午前と午後、社会福祉協議会（以下、社協）の相談室で、ボランティアがお年寄りに電話をしている。元気な声が返ってくると、ほっとするが、「いま、退院してきたところ…」とか、「電話は使われていない」といったメッセージを聞くと、どきっとする。活動を始めて17年になるのに、受話器を持つといまだに緊張する。

**老人の訴えをボランティアが代弁して社協へ**

　F市は、東京のベッドタウンとして急激に人口が増加し発展したまちで、都市型老人が多い。当時（1985）の高齢化率は5.5％（現在は13.48％）だが、社協は高齢化社会へ向けて、活動の中核に在宅福祉サービスを据え、事業を進めていた。対人サービスに関わるボランティアの援助・育成にも積極的であった。

　ボランティアの会食サービスの席では、一人暮らし老人から緊急時や寝たきりになったときの不安、孤独の寂しさが度々訴えられた。ボランティアは老人の代弁者として社協に伝え、福祉課題として取り込んでもらった。

**「K会」の発足**

(1)日常生活の中で見えたニーズ

　新しくできたグループは、社協の在宅老人の台帳作りに協力し、一人暮らし老人と老人世帯の訪問調査をすることになった。講師を招き、

「聴く」ことを中心としたカウンセリング講座を学び、地域へ出向く。訪問の先々で老人に歓迎されただけでなく、日常生活に触れ、ニーズが目に見えるものとなった。

特に、一人暮らし老人の、「毎日、壁に向かってしゃべっている…」「間違い電話でもいいから欲しい…」といった言葉は、他者の存在によって自分が自分であることを確認できることからも、重い言葉だった。長時間、自分史を語ってくれた老人もいて、話し相手を求めていることを痛感する。ボランティアは孤独な老人に、「電話をかけて励ますことはできないか」と、話し合いを重ねた。

こうして、1986年に「K会」が発足した。月一回の例会。会員16名。会は、「概ね70才以上の希望する一人暮らし・老人夫婦世帯を対象に友愛電話をし、安否の確認・福祉サービスの情報提供・話し相手をする」ことを主な活動としている。

(2)初期の会員の気持ち

---

《K会1号発信》

友愛電話を始めて3年。礎も定着し、メンバー13人が交替で月・金曜日の10時〜13時。13時〜15時にそれぞれの受持地域へ発信し、一人暮らしの老人や老人夫婦とお話をさせていただいている。緊張感で受話器を持つ手に汗がにじみ、声がかすれる。こんな思いがとれて、やっと楽にお話ができるようになった。淋しくて、淋しくてとおっしゃる方。3〜4日、口をきいていないので、うまく話せない…。呆けた主人を半日でいいから面倒みてほしいと、しみじみおっしゃる方。etc。

月に1〜2回の電話がどれほどの役に立っているのか？ないに等しいとの思いにもかられる。それでも待っていてくださる人も、確実に増えてきている。辛い話も、嬉しい話も人生経験豊かな人たちのお話の中に、確実に年を重ねる我が道の道標にと、今日も仲間と頑張っている。後略

(1990 K会通信から)

この頃から、声なじみになった老人の、「会いたい！」という声が多くなり、K会からも、老人の中へはいっていこうと、地域での交流会が持たれた。

## 現　状

(1)友愛電話活動記録集計表（平14年4月～15年1月）

| | 件数区分 | 4月 | 5月 | 6月 | 7月 | 8月 | 9月 | 10月 | 11月 | 12月 | 1月 | 合計 | 月平均 |
|---|---|---|---|---|---|---|---|---|---|---|---|---|---|
| A地区(38) | 話せた人 | 20 | 22 | 23 | 24 | 24 | 26 | 29 | 24 | 25 | 23 | 240 | 24.0 |
| | 留守 | 12 | 12 | 19 | 16 | 8 | 7 | 15 | 8 | 15 | 12 | 124 | 12.4 |
| | 合計 | 32 | 34 | 42 | 40 | 32 | 33 | 44 | 32 | 40 | 35 | 364 | 36.4 |
| B地区(25) | 話せた人 | 9 | 12 | 23 | 19 | 12 | 22 | 24 | 36 | 7 | 8 | 172 | 17.2 |
| | 留守 | 8 | 8 | 9 | 8 | 8 | 8 | 4 | 30 | 6 | 10 | 99 | 9.9 |
| | 合計 | 17 | 20 | 32 | 27 | 20 | 30 | 28 | 66 | 13 | 18 | 271 | 27.1 |
| C地区(24) | 話せた人 | 29 | 25 | 28 | 29 | 28 | 30 | 37 | 13 | 31 | | 278 | 27.8 |
| | 留守 | 12 | 15 | 16 | 14 | 14 | 13 | 10 | 11 | 7 | 11 | 123 | 12.3 |
| | 合計 | 41 | 40 | 44 | 43 | 42 | 41 | 40 | 48 | 20 | 42 | 401 | 40.1 |
| D地区(27) | 話せた人 | 40 | 32 | 32 | 32 | 31 | 25 | 27 | 29 | 29 | 41 | 318 | 31.8 |
| | 留守 | 13 | 5 | 20 | 15 | 13 | 15 | 13 | 8 | 8 | 5 | 115 | 11.5 |
| | 合計 | 53 | 37 | 52 | 47 | 44 | 40 | 40 | 37 | 37 | 46 | 433 | 43.3 |
| E地区(32) | 話せた人 | 36 | 31 | 29 | 22 | 32 | 23 | 33 | 28 | 22 | 28 | 284 | 28.4 |
| | 留守 | 14 | 15 | 9 | 15 | 14 | 22 | 14 | 15 | 12 | 16 | 146 | 14.6 |
| | 合計 | 50 | 46 | 38 | 37 | 46 | 45 | 47 | 43 | 34 | 44 | 430 | 43.0 |
| F地区(25) | 話せた人 | 16 | 23 | 20 | 20 | 12 | 21 | 25 | 15 | 20 | 10 | 182 | 18.2 |
| | 留守 | 7 | 10 | 13 | 7 | 3 | 9 | 12 | 1 | 3 | 2 | 67 | 6.7 |
| | 合計 | 23 | 33 | 33 | 27 | 15 | 30 | 37 | 16 | 23 | 12 | 249 | 24.9 |
| G地区(31) | 話せた人 | 18 | 18 | 15 | 29 | 22 | 11 | 26 | 26 | 18 | 18 | 201 | 20.1 |
| | 留守 | 3 | 11 | 7 | 6 | 7 | 5 | 9 | 14 | 4 | 5 | 71 | 7.1 |
| | 合計 | 21 | 29 | 22 | 35 | 29 | 16 | 35 | 40 | 22 | 23 | 272 | 27.2 |
| 合計値202 | 話せた人 | 168 | 163 | 170 | 175 | 161 | 156 | 194 | 195 | 134 | 159 | 1675 | 167.5 |
| | 留守 | 69 | 76 | 93 | 81 | 67 | 79 | 77 | 87 | 55 | 61 | 745 | 74.5 |
| | 合計 | 237 | 239 | 263 | 256 | 228 | 235 | 271 | 282 | 189 | 220 | 2420 | 242.0 |

（　　）内は電話利用者数　　　　　　　　　　K会 第24号より

(2)会員が増えない

　現在、14名の会員が、一地区2名のペアで電話をしている。発足時とは、顔ぶれが変わった。チームワークはいいが人数は増えず、目いっぱいの活動である。

　友愛電話は、希望する老人に毎月こちらから電話をし、一対一の関係の中で聴く活動で、原則は匿名性である。顔が見えないので、必要以上に心配する場合もある。コミュニケーションが持ちにくい、という声もある。「話し相手ぐらいなら」と、簡単に言えない難しさが、継続しにくいのか知れない。

**活動を継続するために……**
(1)例会の大事な役割り
　①課題を共有する
　　月1回、会員全員が顔を合わせ、守秘義務を守る中で、連絡・報告・話し合いをし、課題を共有する。
　　市の福祉関係者から、見守りの必要な老人の受け入れを、依頼されることもある。電話連絡の取れない利用者は、社協に状況調べをお願いする。
　②エンパワメントを高める場
　　話し相手ボランティアの、「聴く」という活動は難しく、問題を抱えて悩むこともある。そうした場合は例会で吐き出し、感情を流す場ともなる。
　　ある時、妻を介護している夫に、会話の流れの中で尋ねた一言が、「心の中にまで踏み込んでほしくない」と拒絶され、ショックで電話をすることが怖い…といった悩みが出された。ひと事でなく聞き、話し合い、電話の難しさを考えた。
　　顔を知らないところで、個別に関わる電話活動は、ともすると自

分が見えなくなるので、みんなに開示する場が必要である。受話器を置いたあと、残った気持ちを安心して語り、そこには思いを共有できる仲間がいて、エンパワメントを高める…例会はそうした大事な場となっている。

(2)活動を保障する学習・訓練

　発足以来、大学教授に何度となく講師をお願いし、会の生育に関わっていただく。

　最近は後期高齢者が多く、様々な喪失体験から感情障害の人が増え、話を聴く難しさもでてきた。より深い人間理解に近づくよう、学習会をお願いする。

　例会の中では、専門家の参加も得て、「聴く」ことについての学びを始めている。

## 事　例

　聴くことから学ぶ《夫の介護と別離》

　電話利用者・妻70代は、寝たきりの夫80代（胃の手術をし、入退院を繰り返す）を10年以上在宅で介護している。利用者も病弱の上、介護疲れで心療内科に通う。市外の息子の家族が、母親をよく援助している。
ボランティアと、利用者との対話から…
（リは、電話利用者である妻・ボは、ボランティア）
ボ「ご主人の入院で、少しは休めましたか？」
リ「毎日、病院から、あれ持って来いって呼び出され、昨日は2回も。ほとほと疲れ、夜、眠剤を飲んでも眠れなくて、うとうと…朝はようやく起きて片付けものをし、いま、少し横になっています。」
ボ「そりゃあ大変でしたね。電話はあとにしましょうか？」
リ「いいえ、大丈夫です。」
ボ「じゃあ、疲れたら言ってくださいね。」

第2章 福　祉

リ「おじいちゃんは、他人の前では見栄を張って、出来る振りをするから介護認定では自立です。でも、家の中では目の前のものでも私に取らせて、看病するのは私。入院しても勝手に退院してきて、また入院で…、振り回されっぱなしです。誰も、おじいちゃんの内面を、知らなすぎます。」
ボ「ほんとに…奥さんに相談しないで…振り回されて…つらいですよね。」
　しばらく、ぐちが続く。
　昔から、家では苦虫をかみつぶしたような顔をし、暴力的な言葉で家族を苦しめ、怖かったこと。外面がいいので、他人に話しても信じてもらえなかったと、耐えてきたうらみが語られる、ボランティアは共感のあいづちで、じっと聴く…。
ボ「そうでしたか。有難うの一言でもあったら、気持ちがほぐれますのに…」
リ「ほんとうに、そうなのです…。」
ボ「いま、心が休まるようなもの、なにかありますか？」
リ「ええ、電車で息子の家に行き、孫と遊んだり、一緒に食事をすると、気分がすーとします。往復の電車の窓から花や木を見るのも楽しみで、これだけは大事にしたいと思っているのです。」
ボ「まあ、大変な中でも楽しみを見つけて大事にしている…すてきですね。」
　利用者は、テレビで旅の風景を見たりすることも好きだと話し、自然や子供に向ける驚きや、喜びを語った。思いがけなく明るい話題になった。
　ある日、電話をすると、手が震えて、やかんのお湯を少し、夫のえりくびにかけてしまい、病人にかわいそうなことをした…と、おろおろして話してくれた。ぐちの相手ではなかったかと、意外な気がしたが、利用者の優しさに触れた思いがした。

夫が亡くなってからの電話で…
リ「おじいちゃんが入院して意識がなくなってから、ベッドの下の手帳を見つけました。開けると一行、私の名の後に、『元気でいろよ』あとは判読できない線のようなもの。」
ボ「まあ！　一行ですか。」
リ「私の体が弱いの、知っているのね。その一言で今までの恨みがスーと消えました。」
ボ「良かった！　最後にご主人から頂いた最高のプレゼントですね。」
　そのとき、ボランティアは利用者と手を取り、喜びを分かち合った…と、思えるほど身近に感じた。利用者は、安らかな夫の顔にほっとしたこと、息子の家族と納骨を済ませたこと、いま、労われて生活をしているなど、しみじみと語った…。
リ「納骨前はお勝手のあたりで、ざわざわ、おじいちゃんのいる気配がしたのですよ。」
ボ「まあ、」
リ「夜中にお腹が痛いときがあって、すると、『困ったなあ、どうしようかなあ』って確かに声が聞こえたの。信じないでしょうね。」
ボ「聞いたことはないけれど、信じます。」
　ボランティアはそう答えて、本で読んだ話をした。ある作家の友人が孫と散歩していたら、亡くなった作家の声が聞こえ、小さな孫も、『いま、泣くなよ、て声がしたね』と、同じ言葉を言ったという話だったが。
　夫の死別から5ヶ月後の電話では、利用者は介護認定を受けサービスを利用していたが、不眠、頭痛、食欲不振で、内科と心療内科に通院していた。何かしなければ…と思いながら、気力が出ないことなどを話してくれた。
リ「私の具合が悪いと、おじいちゃんが夢に出て、口もきくの。この間は、みんなで旅行に行くのに、私が遅いと呼びに来たので、『私、こ

んなになっちゃった。もう一度元気になってから死にたいから、おじ
　　いちゃん、応援してね』っていったの」
ボ「ご主人、心配しているのでしょうね。」
リ「生きているときは、ありがとうとも言わないし、苦虫かみつぶした
　　ような顔をして…だから、泣きもしないで後始末をしたの。でも、昔
　　のことをあげつらうより、いま、亡くなった人との交信が何かの時に
　　取れると、夫のいのちは宇宙に溶け込んで、見守ってくれている…夫
　　婦なのだなあと、思います。」
ボ「ええ……ええ、ええ……そうですねえ…」
リ「私は花が好きなので、息子の嫁が、お花屋敷で食事をしようとか、
　　次々に楽しい希望を出して誘ってくれるのです。元気になりましょう…っ
　　て。生きる張り合いを持たせてくれるのがうれしくて。」
ボ「幸せですねえ。お嫁さんが、おかあさんの思いを察してくれて…。」
リ「ええ、それから、あの手帳は、おじいちゃんの遺言だと思い大事に
　　取ってあります……私、元気になれるでしょうか？」
ボ「なれますとも。あわてないで、日にち薬でゆっくり、元気になって
　　くださいね。」

《ボランティアの感想》
　利用者のぐちは、介護疲れもさることながら、過去から引きずり、抑圧してきた重荷を吐き出したいという気持ちが伝わってきたので、誠実に聴くことを心がけた。
　対話の中で、利用者の「大事にしている小さな楽しみを、ボランティアも共有し、受話器を置いたあと、ほのぼのとしたものが残った。「夫へ、お湯が掛かってしまった」話では、ボランティアは利用者の内的世界に触れ、彼女を理解していたと思っていたことが、実は、浅い、言葉のレベルだったことに気づき、はっとした。
　利用者から、問いかけられたのは夫の死後で、回数もごく少ない。そ

れだけ大事な問題なのだと思い、ボランティアは自分の気持ちを正直に答えた。話題が考えを引き出し、次回の電話で深められて返ってくる。対話が流れていることを感じた。

　利用者がぐちを収めたとき。そして、夫の死後に、彼女が夫との人生を受容する言葉は、感動的で忘れられない。元気になってほしいと、切に願う。生きるすばらしさを教えて貰った。

**最後に**
　老人は対話の中で、「老後の生き方」を、ありのままの姿で教えてくれ、戦争をくぐり抜けてきた体験を語って、いのちの大切さを伝えてくれる。会員はいま、ボランティア活動は人のためというより、自分のためであったことに気づいている。

　また、地域ではコミュニティ・ケアとして、老人のふれあいサロンや、在宅サービスの場などで、話し相手のボランティアの要望がある。加えて、公的機関を通して、利用者の受け入れを打診されるなど、今後も、ニーズは高くなることが予想される。

　ふれあいサロンにサポーターで参加している会員は、電話利用者の老人をサロンに誘い、そこで顔を合わせたところ、電話でのイメージとは違う、元気な老人を見て安心した。お互いに親しみが増し、電話活動に効果がでていると伝えてくれた。

　とはいえ、電話利用者は後期高齢者がずいぶん多い。感情障害の人、伴侶を失った人、介護疲れ、呆けが出始めた…など。こうしたことを踏まえ、課題と展望を考えたい。

(1) K会の課題
　①利用者との顔合わせの機会を
　　継続事業なので、先に述べた理由から、電話を利用する老人と顔を

合わせる機会を、どこかで持てるといい。
②活動を外に向けて発信する
　地域ではコミュニティ・ケアの必要から、話し相手をするボランティアのニーズが高くなることが予想される。K会の活動として、傾聴ボランティアをしている体験を、専門家と一緒に外へ向け発信できるといい。自分たちの活動を見直し、学んだものを社会へ還元し、会員をふやす活動にもつながると思っている。
③「聴く」ということについての学び
　「聴く」ということについて、「なぜ聴くのか」「どのように聴くのか」といったことについて、学び始めている。

(2)今後の展望
　住みよいコミュニティに向けてのソーシャル・アクション
　17年前、老人の訴える声をボランティアが代弁し、福祉課題として社協に伝え、会を作った。その後、友愛電話を通して、訴えられる声を代弁して社協や市へ要求し、状況がよくなったものもある。
　また長年、他の関係団体に、K会も加わり、ソーシャル・アクションをし、市立の特養、ケアハウス作りに参加した歩みも持つ。
　これからも電話の中のニーズを社会問題にし、住みよいコミュニティづくりに参加していきたい。まずは、他団体と一緒の運動でできた、特養・ケアハウスなどの、その後の点検も課題としている。

## 2．女性相談「女性たちのエンパワメント」

　ハイ、相談室です。どうなさいましたか？
　電話の向こうでは、今、一人では抱えきれなくなった悩みに押しつぶされそうな女性が、それでも一瞬声を出そうかどうか躊躇している様子が伝わってくることがある。そんなときには、相談員もとても緊張を強いられる。どうしたのだろう、大変なことが起こっているのだろうか。

### 女性の抱える悩みとは
　多くの女性は、自分の怒りや不安の感情をそのまま表現することは、我慢が足りない、女性らしくない、わがままとして非難され、周囲との関係が悪くなるということを日々の生活の中で学んでいる。そのため悩みを抱えた女性は、長期間怒りを抑圧した生活を続け、無力感や抑うつ症状におちいる。女性の悩みの背景には、こうした女性らしさジェンダー（文化的・社会的につくられた性差）の構造があると言われる。
　例えば、女性の性役割から来る不安の問題である。家庭の中にあって女性は、夫や子どもを愛し、励まし、家族の心理面までも気配りをする良妻賢母を要求される。ところがこの役割は、相手の感情で自分のこころが揺り動かされ、成功しない場合は無力感や徒労感を伴う。家族が平穏無事に過ごせたとしても、役割として当然であり感謝されることもなく、達成感がない。従って、自分自身のこころの健康面の安定は常に揺り動かされるという危険性がある。
　そんな中で、女性が自分自身のパワーを失い、何事にも自信が持てない不安な状態に追い込まれ、悩みを抱えるということも珍しくない。
　DVの問題も同様である。DVは、閉ざされた家庭の中で、妻であり母であるという役割を賢明に担おうとするが故に長期間暴力の被害を受け続け、本来の自分の力をなくし健康をおびやかされていることが多い。

にもかかわらず、経済的な問題、子育ての不安、役割を遂行できない自責感などに苦しんでいるのが実態である。

　まさに女性の抱える悩みは、その人固有の悩みであるというだけでなく、女性が置かれている社会的な立場によって生じているのである。フェミニズム運動の中での言葉を借りれば"パーソナルイズポリティカル"個人的なことは政治的なことなのである。

**女性相談の特色**

　「夫が、家庭を顧みない、会話がない、生活費を渡してくれない」、「育児に疲れる、子どもが幼稚園で友達を叩いてしまう」、「何となく気持ちが沈み気力がない。何か生きていくのが辛い」、「職場の人間関係がうまくいかない」「社会とのつながりがない」「再就職して仕事ができるか不安」などなど、女性の相談は、実に多様である。また、一見主訴が曖昧で相談者のニーズがつかみにくい。本人がどうしたいかという意思が明確でないということもその特色と言えるのではないか。

　これらの相談では、共通した問題が隠れている。私も妻として・母として至らないのかもしれない。こんな風に思う私が変なのかもしれない。私は、贅沢なのかもしれないなどと付け加えるのである。

　また、女性相談では、その対応にも特色がある。前述の多様な相談ケースには、単に話を聴くだけで満足してもらえるもの、病院やクリニックに行くことが必要なもの、法律相談や福祉事務所につながる必要のあるものといろいろで、単に従来の心理カウンセリングの枠の中だけでは不十分であり、ソーシャルワークによって適時適切な専門機関に相談者をつなげるという役割も担わなければ真の意味での問題解決につながらないというのも女性相談の特色である。

**女性相談の基本的対応方針**

　現代社会では、いわゆる心理的な問題が噴出している。子どもの不登校、引きこもり、ドメスティック・バイオレンス（以下「DV」という）、子ども虐待、親への暴力、老人虐待などといった家庭内のゆがみや葛藤、暴力、レイプやセクシャル・ハラスメント（以下「セクハラ」という）、ストーカーなどの性犯罪。こういう問題がマスメディアを通して社会に出てくる際、女性にはジェンダーに結びついた社会規範、例えば、母親の愛情不足はなかったか、しつけができていたか、妻として役割を果たしていたかなどが問われる。そこで女性たちは、世間で言われる常識に照らした「正常」「異常」の範囲に惑わされ、悩みを抱えてしまうということも否めない。果たして、これらはまず女性が問われなければならない問題なのだろうか。

　従って、女性相談を聴く際には、一般的に言われる社会通念に照らして、安易に相談者の訴えを問題化・病理化しないことを要求される。あなたは、どうしてそう思うのか、そう考えるようになったのか、今までどうやってその困難を乗り越えてきたのか、などを確認していくことが重要である。そして、相談者のこれまでを評価し、相談者に自分の力を自覚してもらうところから相談は始まる。

　当に、女性の悩みには、文化的・社会的な背景があり、ジェンダー意識や社会制度への認識なしに女性の相談に対応することはできないということである。このことを念頭に、旧来の女性役割に適応した女性になるための援助ではなく、その女性が本来持っている力を取り戻し、自分の力で問題を解決していくプロセスを援助していくことが女性相談に対応する基本的な対応姿勢だと思える。

## 相談員の資質と相談の際の注意点

(1)相談員の資質

　多くの女性は、これまでの社会的・文化的背景のもとに女性として育てられ、当然にその性役割を果たさなければならないというジェンダーバイヤスをもって悩みを抱えているということは前述のとおりである。そのことを理解したうえで、以下のことが必要になる。

　①現在の性別役割分業社会が、女性に過剰な心理的抑圧をかけているということに敏感であること。

　②女性・男性のあり方にかかわる社会規範やそのことが女性の心理面に与える影響を理解しておく。

　③いたずらに依存関係にならない。

　④相談者の自己回復能力を信じ、そのことを援助の根幹にできる。

　⑤相談者に必要な援助を、義務と、責任と、愛情をもって継続していける。

　⑥相談員としての能力や援助できることの限界を自覚できる。自分の能力を超えるものについては、聞き過ぎないうちに他の専門機関に紹介できる、自己管理ができるということが必要であり、そのための情報をもっている。

(2)相談の際の注意点

　①悩むことを理解する

　　相談者は、「こんなことで悩む自分は変か」「こんな相談して良いか」など、迷いながら不安な思いで相談室にアクセスしてくる。誰でも、どんなことでも悩むことがあるということを理解し、どんなことでも相談して良いのだということを相談者に伝える。

　②相談内容を病理化しない。

　　現代社会の規範の多くは、これまでの女性観や男性観に基づいている。子どもを可愛いと思えない女性、夫に尽くせないと訴え

る女性などは、未熟で社会に適応できない人と見なし病理化しないよう注意する。

③倫理観や生き方を批判しない

相談員は常に自己の価値観の検証に努め、相談者の倫理観や生き方を批判したり、矯正をすることのないよう注意する。

④ニーズの明確化が困難であることを理解する

特に女性は、周囲の人の期待に応えようとして自分自身の内面を抑えて生活し、その中で失敗や挫折を繰り返すことも多々ある。そして、うつ的になったり、自分自身がどうしたいかという主張をしなくなることも考えられる。そのため、相談者のニーズが把握しにくいという特性があるということを理解しておく。

⑤相談者が自己決定できるよう援助する

相談者の中には、多様な生き方を選択している人もいる。その人のライフステージを理解し、相談者を尊重し認める。その結果、相談者が自己の力を取り戻し、自己決定が可能になるまで援助する。

⑥答えをだそうとしない

相談者が、「この問題にどう対応したらよいか」具体的な指示や回答を求めることも少なくない。それでも「あなたはこうする方が良い」などと回答を出さないことである。求める相談者の気持ちを理解することは重要だが、「あなたはどうしたいと思いますか」と返してみることが必要になる。特に女性相談では、答えは本人の中にあるのだがそれを出すことに躊躇している場合が多い。

どうしてもと求められた場合には、私ならばこうするかな？という例を話す程度に留め、本人が自分の責任で選択するように援助したい。

## 第2章　福　祉

(3)相談の終わり方

　相談者は、相談員の息づかいや言葉の端々まで敏感になっている。相談電話を終了した後、「相談員が電話を切る前にため息をついた」などという苦情が入ることがないよう気をつけたい。特に、長引いている電話や相談者が切りたがらない電話では、不安を募らせないよう、次の機会もあることを伝え温かく切るよう注意する。

**適切な対応**

事例1―夫の浮気

　　専業主婦で小学生の子どもが二人いる。
　　夫に愛人ができ、ときどき仕事で出張と言っては女性と旅行に出かけていることがわかった。前から少し変だとは思っていたがカードローンの請求が来てはっきりとわかった。とてもジョックを受けたし、ローンのことが怖い。そのことで夫を追求したところ、開き直って嫌なら離婚すると言って怒ってしまう。私は、結婚してからずっと家事・育児に頑張ってきた。夫は、仕事で毎日遅く、帰るとテレビを見ながら食事をして寝てしまう。日常会話もほとんどない。
　　友達や母に相談したところ、あんなに優しくて良い人がどうしたのかしら。貴方が子どものことにかまけて面倒を見なかったのではないか。ちょっとした気の迷いではないか。浮気は男の甲斐性ともいうし、それだけまだ魅力があるということ。あなたが騒がなければ直ぐに戻ってくるわよ。と言われてしまった。でも、帰ってきた夫が女の人と一緒だったと思うと腹が立ってしまう。ついイライラして子どもに当たってしまう。
　　とはいえ、これまでは良く働いてくれたし、子どもには良い父親で、家にいるときにはキャッチボールをして遊んでくれることもある。私が、これから仕事を見つけて子ども二人を育てていくことには無理がある。どうしたらよいかわからず、何も手につかないし、眠れない。

《相談者の心理を汲み取る》
　○夫の浮気を知り、気持ちが動揺して冷静になれない。
　○夫と話し合いたいが、怒るので怖くてできない。
　○家事や育児が手につかない自責感がある。
　○友達や母親に理解されないストレスがある。
　○これまで一生懸命良妻賢母に努めてきた私が、何でこんな思いをしなければならないのかという怒りをもっている。
　○離婚なんて考えられないという、その状況から抜け出せない戸惑いもある。
《問題解決の視点をもって聞く》
　○男性に甘い社会通念が女性を苦しめる。
　○浮気は女性の責任か。男は妻に不満があると浮気をしても許されるのか。
　○夫婦間でコミュニケーションを良くさせるのも妻の役割か。
　○夫の暴言も暴力である。
　○経済的問題が女性にどんな影響を与えているか。
　○感情の抑圧やストレスは常に弱い立場にある者に向かう。
　○別の女性に愛情が向いている夫を目の前にして、妻は子どもに全面的な愛情で接し続けられるか。
《回答のための焦点》
　①彼女の今の辛い気持ちをゆっくり丁寧に聴く。
　②彼女は夫にどのような気持ちを持っているか、女らしさの誤った規範に陥らないようサポートする。
　③彼女の不満や不合理さに焦点を当て、性別役割観から問題にしてみる。夫との関係を見直すきっかけにする。
　④誰でも、自己主張や自己表現が必要。
　⑤彼女がこの問題をどうしたいか、今後、どんな生き方をしたいか。

自分でそのことを考え気づくようサポートする。
《提供情報》
- 家庭裁判所の夫婦円満調整申立て、または離婚調停の申立て制度について。

※ポイント
　この相談対応では、今、問題解決の方法を決めなくても良い。ゆっくり考えて良い。迷って当然である。自分が納得のいく時期に、納得のいく方法を自分で選んで良い。そのために何度でも話すことができるということを伝えたい。

事例2—中学生の息子が学校へ行かない

> 　40歳代の専業主婦。子どもが二人いる。中学3年になる上の息子が、頭が痛いと言って学校を休みがち。病院にも連れて行ったが、自分では何も言わないので私が説明したが、どこも悪くないと言われた。
> 　注意すると、全てお母さんのせいで自分が駄目な人間になったと、暴力や暴言を私にぶつけ、部屋に閉じこもって食事もしない。
> 　高校受験を目前に心配。夫は、子育ては全ておまえに任せてきたのだから、自分で考えてくれと言う。ほかの相談機関にも出向いたが、お母さんが手をかけ過ぎたのではないか。母子分離ができていないと言われた。私の育て方が間違っていたのか。どうしたら良いかわからない。子どもなんか産まなければ良かったと思うときさえある。

《相談者の心理を汲み取る》
　○子どもの将来がとても気になる。世間体も気になり、親としての気持ちが優先している。
　○子どものためにとしてきたことが受け入れられずに、どうしたらよいのかとまどっている。

○夫と問題を共有できない。
○母親として責められ、孤立している。
○子育てに不安をもっている。
《問題解決の視点をもって聞く》
○自分の価値観だけで子どもを見ていないか。子どもに自分の価値観を押しつけていないか。
○夫との関係はどうか。家事・育児を全て自分の役割と引き受けていないか。
○子育てが、自己評価に繋がっていないか。
《回答のための焦点》
①相談者の置かれている孤立感を受容する。
②息子の行動は、彼の心の叫びとして気付くことが大切。
③家族関係を見直してみるチャンスである。このことをプラスにしていく方向を見つけだすためにエンパワメントする。
④他の援助機関の力を借りても良いことを理解してもらう。
《提供情報》
・教育相談などで、子どもがカウンセリングを受けることも可能。
・ジェンダーに視点を当てたカウンセリングルームを紹介する。
※ポイント

　性別役割観を背負って、一人で何もかも責任を背負い込む女性はとても多い。この相談対応では、彼女に全ての責任があるわけではないこと。女性は、生育の中でそう思わされてきただけであり、実際にそれをしようとすると更に辛くなり、孤立してしまうことを伝える。

## 第2章 福　　祉

事例3―暴力への対応ＤＶ　夫は気に入らないと殴る・蹴るの暴力を振るう

> 　30歳代の専業主婦。結婚して4年、小さい子どもがいる。
> 　夫とは、職場結婚をした。職場では、優しくて仕事もでき、信頼もあり、将来有望な人材と評価もされていた。
> 　ところが、結婚し妊娠した頃から些細なことで怒り出すようになった。特に、セックスを拒むと"妊娠しているからと言っていい気になるな、外に相手をしてくれる女性はたくさんいる。浮気をされたくなければ言うことを聞け"と長い時間座らされて料理のことまで持ち出されて妻としての仕事ができていないとお説教をされる。そんなとき、私が少しでも口答えをしたり嫌な顔をすると、痛い目に遭わないとわからないと言って殴られたり、妊娠しているお腹を蹴られることもあった。最近では、子どもに当たることもある。
> 　実家の両親に相談したところ、子どもがいるのだから我慢しなさい。離婚して帰ってこられては世間体が悪い。貴方も悪いところがあるのではないか。夫を上手にコントロールしていくのが妻の役目。年を取ると暴力も収まると言われる。でも、とても怖い。

《ＤＶ被害者相談を受けるための心構え》
　○ＤＶ被害相談は、人の命に直結する相談である。
　○相談内容が複雑で、相談者は混乱の中にいるためニーズがつかみにくい。
　○対応に時間がかかる。

《相談者の心理を汲み取る》
　○最も信頼している相手から理不尽な暴力を受けることの辛さ。
　○周囲に理解されないことや世間体からの孤立感。
　○将来への不安。
　○自分で解決できない無力感や自責感をもっている。

《問題解決の視点をもって聞く》
　○配偶者からの暴力は人権侵害。
　○個人的な問題ではなく、ジェンダーに起因した社会的な問題。
　○暴力は、加害者本人が気付いて、辞めるための努力をしない限りなくならない。
　○どのようなことがあろうと、暴力を振るわれて良い人間はいない。
　○被害者が選択すれば、社会的に暴力から逃れるための援助が受けられる。受けて良い。
　○暴力が子どもに影響を与えていないか。暴力の中で生活することは、子どもにも悪い影響を及ぼす。

《回答のための焦点》
　①彼女の置かれている孤立感を受容する。
　②ＤＶとは何か。ＤＶ防止法が成立した経緯と内容を理解し、相手が理解できるように説明する。
　③暴力は加害者本人の問題で、誰にも直してあげることはできない。
　④被害者に責任はない。自分を責める必要がないことを伝える。
　⑤暴力が子どもに影響を与えていないか。今後、影響がでる可能性が高いことも理解してもらう。
　⑥チェックリスト等を用いてＤＶ被害者の安全確認を行い、危機介入の必要がある場合には警察や配偶者暴力相談支援センター、または各自治体の福祉事務所婦人相談員等を訪ねて面接相談をすることを勧める。保護を希望するかどうか確認し、そのことが可能であることも伝える。
　⑦相談者の生き方について話し合い、本人に力のあることを伝えてエンパワメントする。
　⑧今後のことについては、どんな進路を選択しても良いこと、相談は継続してできること、迷うのは当然であることを伝える。

※ポイント
　DV被害者の多くが、世間体や回りの人に迷惑をかけたくないという思い、暴力を振るわせてしまうことへの自責感、暴力を辞めさせられないことへの無力感をもって悩んでいる。その背景にあるものは、これまでの性別役割観、ジェンダー観である。被害者は、暴力によって孤立させられ、心身にさまざまな影響を受けて苦しんである。

**エンパワメント**
　人は、人として大切にされなかったり、暴力を受けたり、差別されたり、長いこと病気をしたりすると自分の価値を認められず、自信をなくす。そして、自分の嫌な面や欠点ばかりを責め、長所や素晴らしさ、本来持っているパワーを忘れ、自尊感情をなくし自分を肯定できなくなるといわれている。そういうときは、他人も肯定できないのも当然である。
　エンパワメントとは、自分の内的なパワーに気付き、そのパワーを育てることだといわれる。そのためには、人の力を借りる、人に援助を求めながら自分の力、パワーを回復させていく、育てていくことが必要になる。頑張って、勉強して、知識や技術をつけても生まれながらにしてもっているパワーが回復するわけではないということである。
　相談者をエンパワメントするとは、例えば夫婦の問題では、相談内容が、当事者のどのような生活や社会的な背景から生じているか。そのことが相談者をどう抑圧しているか。そこに女性であるが故の不利益はないか。そういったことをともに考え、問題を整理するとともに、援助の枠組みをつくり、そしてパワーを回復しようとする相談者のこれまでを評価しながら静に寄り添うことだといわれている。

## 最後に
(1)女性相談の現状と課題

　近年、女性に対する暴力が大きな社会問題となった。確かに、女性相談の窓口には、ＤＶ、セクハラ、レイプ、ストーカー、痴漢被害といった性的暴力の被害相談が増えている。また、妄想や統合失調症といった精神病識が疑われるような相談も多い。こういう病識が疑われる相談の中からは、生育歴の中で受けた性的暴力や虐待の問題が見えてくることも多い。

　しかし、これらの相談の対応には高度な専門性を求められるため、対応可能な相談機関はまだまだ少ない。そして、多くの相談機関では相談者を病理化してしまい、生来本人がもっている力を取り戻すまでのサポートを時間をかけて行っていくことは難しい。

　また、相談業務に対する社会の評価もまだまだ日本では高いとはいえない。特に、行政の運営する相談室では、専門性の高い相談員が見合った報酬の元に安心して相談者の援助を行えるシステムにはなっていないのが現状である。

　にもかかわらず、現代社会は何事においても暴力的な場面が多く、人々のメンタル面に優しい社会ではない。従って、ますます相談業務に対するニーズが高まることも予測される。

　これらのニーズに確実に答えていくためには、相談員の身分保証を確かなものにすること。その上で研修制度を確立し、専門性の高い相談員を配置した相談室を設けていくことが重要である。

(2)今後の展望

　近年の日本経済情勢の変化は、家庭生活にも大きな変化をもたらしている。これまで、夫の収入によって豊かな生活を送ることが可能だった女性たちも、好むと好まざるとにかかわらず働かなくてはならない時代

がやってくるであろう。加えて、高齢社会の到来は、個々の家庭に今まで以上の介護の負担も加わってくるということである。

　一方で、女性の社会進出が進み、多様な生き方が可能な時代になったと言われているが、女性が働きやすい社会システムが十分に充実したとはいえない。また、人々の意識が大きく変化したともいえない。こういう社会状況の元で、これまでと同様に性別役割分業意識が深く根付いたままでは、女性は二重・三重の負担を背負うことになるのは必然である。そのとき、過重な負担に悩む女性が増えるのも当然であろう。

　一方で、人々の価値観は欧米化し、ＤＶ防止法の成立によって潜在化していたＤＶ被害が社会に表出したように、今後は、さまざまな問題解決のために多くの女性たちが相談機関に援助を求めるような時代が確実に到来するであろう。

　そのとき、声を上げた女性が二次的被害を受けることのないよう、また、経済的にも精神的にも自立した女性として、さまざまな場面で自己決定ができ、本来の力を発揮していけるよう、全ての相談機関がジェンダーの問題に敏感な相談室であって欲しい。

---

### フェミニスト・カウンセリングの特徴

　従来の価値観や女性として当然の常識、本来こうあるべきという社会的な枠組みをはずし、その人が何をどのように感じ、どうしたいか、社会的な制約によってそう思わされていないかということを考えながらエンパワメントし、その人が自分自身の力に気づき、自尊感情を回復し、人生が選択できるよう援助していく。

# 参考資料

# 全国の精神保健福祉センター

[あ]

**愛知県精神保健福祉センター**
　〒460-0001　名古屋市中区三の丸3－2－1
　TEL 052-962-5377
　相談専用TEL 052-971-9977

**青森県立精神保健福祉センター**
　〒038-0031　青森市大字三内字沢部353－92
　TEL 017-787-3951
　相談専用TEL 017-787-3957　TEL 017-787-3958

**秋田県精神保健福祉センター**
　〒019-2413　仙北郡協和町上淀川字五百刈田352
　TEL 018-892-3773
　相談専用TEL 018-892-3939

**石川県こころの健康センター**
　〒920-8201　金沢市鞍月東2－1
　TEL 076-238-5761

参考資料

茨城県精神保健福祉センター
　〒310-0852　水戸市笠原町いばらき予防プラザ内
　TEL 029-243-2870
　相談専用TEL 029-244-0556

岩手県精神保健福祉センター
　〒020-0015　盛岡市本町通3-19-1県福祉相談センター内
　TEL 019-629-9617

愛媛県精神保健福祉センター
　〒790-0023　松山市末広町1-1
　TEL 089-921-3880

大分県精神保健福祉センター
　〒870-1155　大分市大字玉沢字平石908
　TEL 097-541-6290
　相談専用TEL 097-542-0878

大阪市こころの健康センター
　〒545-0051　大阪市阿倍野区旭町1丁目2-7-401
　TEL 06-6636-7870
　相談専用TEL 06-6636-7867

大阪府立こころの健康総合センター
　〒558-0056　大阪市住吉区万代東3-1-46
　TEL 06-6691-2811
　相談専用TEL 06-6607-8814

岡山県精神保健福祉センター
　〒703-8278　岡山市古京町1－1－10－101
　TEL 086-272-8835

沖縄県立総合精神保健福祉センター
　〒901-1104　南風原町宮平212－3
　TEL 098-888-1443
　相談専用TEL 098-888-1450

［か］
香川県精神保健福祉センター
　〒760-0068　高松市松島町1－17－28
　TEL 087-831-3151
　相談専用TEL 087-833-5560

熊本県精神保健福祉センター
　〒860-0844　熊本市水道町9－16
　TEL 096-359-6401
　相談専用TEL 096-356-3629

群馬県こころの健康センター
　〒379-2166　前橋市野中町368
　TEL 027-263-1166
　相談専用TEL 027-263-1156

### 高知県立精神保健福祉センター
〒780-0850　高知市丸の内2－4－1
TEL 088-821-4966
相談専用TEL 088-823-0600

### 神戸市こころの健康センター
〒652-0897　神戸市兵庫区駅南通5－1－2－300
TEL 078-672-6500

[さ]
### 埼玉県立精神保健福祉センター
〒362-0806　北足立郡伊奈町小室818－2
TEL 048-723-1111

### さいたま市こころの健康センター
〒338-0003　さいたま市中央区本町東4－4－3
TEL 048-851-5665

### 佐賀県精神保健福祉センター
〒845-0001　小城郡小城町178－9
TEL 0952-73-5060
相談専用TEL 0952-73-5556

### 札幌市精神保健福祉総合センター
〒060-0042　札幌市中央区大通西19丁目
TEL 011-622-0556

滋賀県立精神保健総合センター
　〒525-0072　草津市笠山8－4－25
　TEL 077-567-5001
　相談専用TEL 077-567-5560

静岡県こころと体の相談センター
　〒422-8031　静岡市有明町2－20
　TEL 054-286-9207

静岡市こころの健康センター
　〒422-8006　静岡市駿河区曲金3－1－30
　TEL 054-285-0434

島根県立精神保健福祉センター
　〒690-0882　松江市大輪町420
　TEL 0852-21-2885

仙台市精神保健福祉総合センター　はあとぽーと仙台
　〒980-0845　仙台市青葉区荒巻字三居沢1－6
　TEL 022-265-2191

[た]

千葉市こころの健康センター
　〒216-0003　千葉市美浜区高浜2－1－16
　TEL 043-204-1582
　相談専用TEL 043-204-1582

参 考 資 料

**千葉県精神保健福祉センター**
〒260-0801　千葉市中央区仁戸名町666－2
TEL 043-263-3891
相談専用TEL 043-263-3893他

**東京都立精神保健福祉センター**
〒110-0004　台東区下谷1－1－3
TEL 03-3842-0948
相談専用TEL 03-3842-0946

**東京都立多摩総合精神保健福祉センター**
〒206-0036　多摩市中沢2－1－3
TEL 042-376-1111
相談専用TEL 042-371-5560

**東京都立中部総合精神保健福祉センター**
〒156-0057　世田谷区上北沢2－1－7
TEL 03-3302-7575
相談専用TEL 03-3302-7711

**徳島県精神保健福祉センター**
〒770-0855　徳島市新蔵町3－80
TEL 088-625-0610

**栃木県精神保健福祉センター**

〒329-1104　河内郡河内町下岡本2145-13

TEL 028-673-8785

相談専用TEL 028-673-8341

**鳥取県立精神保健福祉センター**

〒680-0901　鳥取市江津318-1

TEL 0857-21-3031

**富山県心の健康センター**

〒939-8222　富山市蜷川459-1

TEL 076-428-1511

相談専用TEL 076-428-0606

[な]

**長崎県精神保健福祉センター**

〒856-0825　大村市西三城町12

TEL 0957-54-9124

**長野県精神保健福祉センター**

〒380-0928　長野市若里7-1-7

TEL 026-227-1810

相談専用TEL 026-224-3626

参 考 資 料

名古屋市精神保健福祉センター
　〒453-0024　名古屋市中村区名楽町4-7-18
　TEL 052-483-2095
　相談専用TEL 052-483-2215

奈良県精神保健福祉センター
　〒633-0062　桜井市粟殿1000
　TEL 0744-43-3131

新潟県精神保健福祉センター
　〒950-0994　新潟市上所2-2-3新潟ユニゾンプラザハート館
　TEL 025-280-0111

[は]

兵庫県立精神保健福祉センター
　〒651-0073　神戸市中央区脇浜海岸通り1-3-2
　TEL 078-252-4980

広島県立総合精神保健福祉センター
　〒731-4311　安芸郡坂町北新地2-3-77
　TEL 082-884-1051

広島市精神保健福祉センター
　〒730-0043　広島市中区富士見町11-27
　TEL 082-245-7731

**福井県精神保健福祉センター**
〒910-0005　福井市大手3－7－1繊協ビル2階
TEL 0776-26-7100
相談専用TEL 0776-26-4400

**福岡県精神保健福祉センター**
〒816-0804　春日市原町3－1－7
TEL 092-582-7500
相談専用TEL 092-582-7400

**福岡市精神保健福祉センター**
〒810-0073　福岡市中央区舞鶴2－5－1
TEL 092-737-8825
相談専用TEL 092-737-8826

**福島県精神保健福祉センター**
〒960-8012　福島市御山町8－30
TEL 024-535-3556
相談専用TEL 024-535-5560

**北海道立精神保健福祉センター**
〒003-0027　札幌市白石区本通16丁目北6－34
TEL 011-864-7121
相談専用TEL 011-864-7171

［ま］

三重県こころの健康センター

〒514-1101　久居市明神町2501－1

TEL 059-255-2151

相談専用TEL 059-256-3556

宮城県精神保健福祉センター

〒989-6117　古川市旭5－7－20

TEL 0229-23-0021

相談専用TEL 0229-23-0302

宮崎県精神保健福祉センター

〒880-0032　宮崎市霧島1－1－2

TEL 0985-27-5663

相談専用TEL 0985-32-5566

［や］

山形県精神保健福祉センター

〒990-0041　山形市小白川町2－3－30

TEL 023-624-1217

相談専用TEL 023-631-7060

山口県精神保健福祉センター

〒755-0241　宇部市東岐波東小沢4004－2

TEL 0836-58-3480

**山梨県立精神保健福祉センター**
　〒400-0005　甲府市北新1－2－12
　TEL 055-254-8644

**横浜市こころの健康相談センター**
　〒231-0017　横浜市中区港町1－1
　TEL 045-681-2525

[わ]

**和歌山県精神保健福祉センター**
　〒640-8319　和歌山市手平2－1－2
　TEL 073-435-5194
　相談専用TEL 073-435-5192


　個別相談、診療、デイケア等への取り組みは各県の事情や方針によりさまざまです。
　相談専用TELとは、業務用とは別に相談専用電話を設けている所を掲載しました。相談専用電話の時間はまちまちですが、平日の日中のみのところが多いので、ご不明な点は各県センターにお問合せください。

# 第3部　産　業　編

## 第1章　メンタルヘルスの維持と促進のための電話相談

### 1．働く人を対象とする電話相談

　最近増えてきている「働く人々を対象とする電話相談」である。今日、「働く人」たちを対象として電話相談活動を展開している組織や機関はかなりある。その草分けともなった㈶社会経済生産性本部メンタルヘルス研究所をはじめとして、電機労連、保健同人社といった組織横断的な機関が開設しているものから、各健康保険組合が傘下の組合員を対象に実施しているもの、中央官庁が各省庁に所属する公務員向けに開設しているものなどさまざまである。対象を傘下における「働く人もしくはその家族」というように限定はしているものの、その対象となる人たちというとかなりの幅がある。年齢的にも相当違いがあるし、法人化された企業体で働く人もいれば、個人営業の人もいる。管理職もいれば、アルバイトないしはパート・タイマーとして働く人も対象者の中に含むものもある。国家公務員もいれば地方公務員もいる。それぞれの立場によって、抱えている問題や悩みは微妙に異なっている。そうした違いはあまり考慮せずに、かけてきた人は全て同じというように、相手の立場を無視した対応をすると、利用者からは不満が表明されることが多い。あらかじめ、各業界や職種の状況と実態についての認識を深めておくことが必要である。この点は、教育関係の専門電話相談に対応するには、あらかじめ教育界の実情や、子どもたちの今日的な心的世界について理解しておくことが求められるのと同じである。教育問題であれ、働く人のメ

ンタルヘルスに関するものであれ、何らかの専門領域に関する相談を標榜する電話相談というものが、いわゆるよろず電話相談とは違う点として認識することが求められるのはこうしたことであろう。かけてきた人に対して一律に同じような対応をするわけにはいかないということである。最近は、常設の電話相談以外にも、弁護士や労働組合などが期間を限って「過労死問題」「不当解雇」「いじめ」などにテーマを限定して開設する電話相談も増えてきているが、そのように内容・期間ともにより特化された電話相談の場合には、なおさらそうした違いをまず把握して対応する能力が必要となってくるだろう。

## 2．働く人たちにはどんな悩みがあるのか

　働く人たちを対象として開設された、ある電話相談機関における電話相談の受理内容をアトランダムに拾いあげてみると、内容は相当多岐に渡っていることがわかる。

　この電話相談機関は、「メンタルヘルスの保持と促進」を開設の目的としてかかげているので、もっとも多いのが、心身の体調不良や精神的ストレスなどに関しての相談である。「最近やる気が出てこない」「よく眠れない」「胃や腸に痛みがある」「便秘または下痢が続いている」「生理が不順」「心臓がドキドキする」といったものから、会社の健康診断で具体的に異常を指摘されて不安になっているなどの訴えが寄せられる。ついで多いのが職場の人間関係の悩みである。「同じ職場にいる同僚とうまくいかない」「上司が自分を目の仇にしている」「自分より年下の者が上司になりやりにくい」から同僚の悪口を次々にあげるものまである。仕事への不満も多い。「突然今までと違う仕事にまわされた」「人手が足りない」「上司が仕事のことをわかっていない」など。さらにはリストラへの不安、上司や組織に対する不満、定年後の生活に対する不安を訴える者も多い。最近目立って増えてきているのが、仕事とは関係ない

「子育ての悩み」を訴えるものである。「子どもが不登校になった」「学校でいじめられている」「息子がひきこもっている」などの子どもの教育や子育てに関するものから、夫婦関係がうまくいっていないことや老親介護の問題、さらには具体的な病気のことであるとか、自分の性格に関する悩みのことなどありとあらゆることに関わってくる。相談内容についてかなり高度な専門的知識を要求されるものが多い一方で、「不倫で悩んでいる」といった人生相談的な相談もかなり多い。他の電話相談と違うという点をあげるとすれば、男性からの相談が多いということと、いたずら目的の電話というのが少ないということであろう。相談内容に限ってみるならば、メンタルヘルス的な相談が多いということを除けば、よろず相談的な電話相談とさしたる違いはないと言ってもさしつかえはないのだが、相談を受ける側が、ただ聴いてあげれば相手が納得するかというとそこが違う。働いている人たちというのは、日常の職業意識から形成されている価値意識が無意識の内に表されてしまうことも少なくない。それは、自分がしていることに対する対価を計算するという感覚がとぎすまされていることである。そのため、話を聴いてもらってありがたかったという思いがある一方で、話したことに対する見返りともなるべき反応を期待する気持ちが強く働きやすい。言いたくて仕方がなかったことをようやく言えたというカタルシス的な喜びよりも、自分の知らなかったことや気がつかなかったことを提示して欲しいという願いがある。そうかと言って、その場しのぎ的な事を言っても納得はしない。その場しのぎ的なことを言うと、はっきりと疑問を投げかけ、きちんとした根拠を示す様に求めてくる。それでは下手をするとディベートをするようなやりとりになりかねない。そうならないようにするためには、相談員が自ら語ることについて、出来るだけ具体的でわかりやすい言葉を選んで説明する工夫が求められてくる。

　もともと企業社会の中では、従業員の健康管理を行うことが法律によ

り義務付けられている。民間企業では産業医、公務員の場合では健康管理医と呼ばれる医師の配置が、一定規模以上の事業体には義務づけられており、保健師や看護師といったコ・メディカル・スタッフと呼ばれる人たちが、その業務を支えている。健康管理の主たる対象とされたのは、仕事上での事故や、職場環境がもたらす傷病の発生防止、さらに結核等の感染症や成人病予防などであった。そうした活動が展開されることにより、働く人々は身体的な健康を保持するとともに、一定の精神的な健康も維持することが可能となった。それを担当してきたのは、基本的には内科的医を中心とする医療スタッフであり、健康管理室であるとか保健室と呼ばれる場所を拠点として、働く人々が、主として身体的な健康管理業務を行なってきた。近年、身体症状の多くがストレスによりもたらされるものが多いとする心身医学の考え方が広まるにつれ、従来の内科的なケアに、心理的なケアを加えようとする傾向が強まっている。そのため、スタッフの中にも精神科医師や臨床心理士のようなメンタル面へのサポートを専門とする人たちを加えるところが少しずつ増えている。健康管理の中心は、ストレスにより生じる心身の不調などをいかに軽減するか、ということに移るようになり、メンタルヘルスという問題が急激に浮上してきた。そうしたことに力を入れる中で、電話相談によっても健康管理を行なうことが可能であるという発想が、次第に注目されるようになってきたのである。

## 3．メンタルヘルスとは何か

　メンタルヘルスのことをわが国においては、かつては精神衛生と呼び、今日では精神保健と呼んでいる。どちらの言葉も「心の健康」を維持し促進させる言葉として用いられているかのように思えるが、その意味するところは、微妙に違う。もともとは mental hygin という言葉の訳語である「精神衛生」という言葉が、日本においては広く用いられていた

のであるが、次第にこの言葉を冠した「精神衛生法」のもとで、精神障害者（精神の病気を有する人）を早期発見し、さらには早期治療という名目により、精神障害者を一般社会から隔離することの方策をとるための根拠として用いられるようになったことから、暗いイメージがつきまとうようになり、精神障害者の人達から嫌われるようになってしまった。そこに「精神保健」という言葉が登場してきた。1988年に、「精神衛生法」を改定した「精神保健法」（その後「精神保健および精神障害者の福祉に関する法律」＝略称「精神保健福祉法」に改称）が成立したことにより、公的機関を中心として、精神保健という言葉が今では広く用いられるようになっている。しかし、この言葉のもとになっているのは、mental health である。文字通り「健康」という医学的な判断が強くにじみ出ているこの言葉の方がむしろ、心が不健康＝精神障害ということに直結するイメージを想起させやすいとする意見もある。確かに、精神衛生という言葉には、その人の「生き方」であるとか「信念」とでも言うべき哲学的な要素が含まれていたのに比べると、精神保健は医学的な健康管理に中心をおく考え方でしかなく、医療中心の発想という感じがむしろ強まったとも言える。精神保健という言葉の裏には常に病気という概念が潜んでいるということをむしろ意識せざるをえなくなったと考えられるのである。世界保健機構（WHO）では、健康の定義を「肉体的」「精神的」「社会的」に良好な状態にあることと規定してきたが、それに近年「spiritual」という概念を付け加えるべきであるとの意見が強く示されている。日本語では「魂」とか「霊」とでも訳すことになるのだろうが、「社会的」と並んで、医学的な判断とは異なる視点の必要性が求められている結果であると言える。精神衛生という言葉にはもともとその要素が含まれていた。最近では、微妙な違いのある「精神衛生」であるとか、「精神保健」と言う言葉を避けて、意図して「心の健康」という呼び方が用いられるようになってきている。心が健康であるとい

うことは単に病気か否かを問題にするのではなく、その人の生き方や価値意識とでもいうものとも深く関わるものである。従って、「心の健康」に関わる電話相談というのは、単に医学的にとらえた病気対応をすることではなく、その人の生き方と関わっていくという視点を忘れてはならない。

## 4．働く人々の電話相談の原則

　しかし、そう考えると「働く人のメンタルヘルスに関わる電話相談」というのは、大きな課題をつきつけられることになる。「生き方」と関わっていくということからするならば、それは他の電話相談とも何ら変わりはなく、基本的にはその人の生き方を尊重する姿勢を堅持すべきであり、傾聴に努めることが基本原則とならざるをえない。しかし、メンタルヘルスというのが、医学的な「健康」の概念と結びつくものであることからすると、悩みを持ちかけてくる人が何らかの点で病的に心の健康を害していると思われる場合には、健康を阻害している要因を把握し、そこから回復する手がかりを見つけ出さなければならないだろう。この二つの課題をどのように電話相談という枠の中で実現させるのかを考えなければならない。1回きりの短時間に交わされるやりとりの中で、その両方をこなすというのは正直なところ至難の技というしかない。これまで展開されてきた電話相談の多くはひたすら聴くことの意味というのが強調されてきた。悩みを抱える人が心の内にあるものをさらけ出すことによって、気分が開放されること、すなわちカタルシスが図られることの意味は確かに大きい。カタルシスという言葉を日本的な言葉に置き換えるならば、「憂さ晴らし」とでもいったニュアンスがこめられていると考えられる。「憂さ」が晴れるということは、わだかまっていた心の澱とでもいったものが、外に向けて吐き出されることになり、そのことによって心に余裕が生まれ、自らの出口をさぐりあてることも可能と

なることをさす。そうしたわだかまりを、ひたすら聴くことこそ電話相談における大切な意味と考えてきたことは、おそらく間違ってはいないであろう。「憂さ晴らし」はまた、「心の健康」を維持する上で重要な意味を持っている。「憂さ晴らし」ということであるならば、かつての日本社会にはそうした機会であるとか、場所が多く存在していた。先に述べた「井戸端会議」もその一つであっただろうし、会社帰りに同僚と立ち寄る居酒屋のような所もまた、「憂さ」を晴らす場であったと考えられる。一人で酒を飲んでいても「憂さ」はなかなか晴れない。アルコールの力で感覚を麻痺させるまで飲み続け、却って体調を壊すことさえある。「憂さ晴らし」になるためには、愚痴を含む「憂さ」をとことん聴いてくれる同僚や、とことん相手をしてくれる店員が居ることが必要である。電話相談がわが国に登場し、需要が高まってきた背景には、それまで日本社会に機能していたそうした「憂さ晴らし」的な場であるとか機会が少なくなっていったことと無関係ではないと考えられる。電話相談には、かっての居酒屋における「憂さ晴らし」的な役割が求められていたのかもしれない。「憂さ晴らし」＝「カタルシス効果」と考えるならば、ひたすら受身的に聴くことに徹し、相手を全面的に受容することがもっともふさわしいやり方であるには違いない。しかし、「相談」という行為それ自体は、きわめて能動的なものである。それが、単なる憂さ晴らし的な機能しかもたず、カタルシス効果を期するだけにとどまるとすれば、やはり物足りないと思う人々もまた多く存在するであろう。相談をもちかける側からすると、大きな不満を抱えるものと思われる。先にも述べたように企業社会に生きてきた人間には、無意識の内にコストに見合う価値があるかということを計算する習慣が身についている人が少なくない。それまで特に問題を意識することなく過ごしてきた人ほどその傾向は強い。自分が費やした時間、電話代金、電話をかける決意を持つにいたるエネルギー、さらには相談に応じることを標榜している

機関に対する期待といったものに見合うだけの対応がなされなくてはならないと考えてしまう。彼らの多くは、話し相手＝聴いてくれる相手が欲しくて電話をするわけではないのである。それだけのことならば、たとえ一人でも酒を飲みながら「憂さ」を晴らす方がましであると考えてしまう傾向がある。

　働く人を対象とする電話相談に限らず、領域を限定しかつ専門分野に関わる内容に関する相談の受理を掲げている電話相談には、基本的には同じようなニードと期待が存在していることを認識しておかなければならないであろう。そこのところが、どんな相談にも応じる＝聴くことを標榜する電話相談との大きな違いである。自分たちが責任を持って応答出来ない内容であれば、応じきれないということを伝えることもまたしなくてはならない。それ以上に、抱えている問題の質を吟味する能力の高さが求められてくるのである。

　ある相談のやりとりを紹介してみよう。

## 5．相談事例

（W…相談員、C…相談をしてきた人）

W　お待たせしました。○○電話相談を担当している鈴木といいます。
C　……無言。
W　もしもし、聞こえていらっしゃいますか？
C　えーと、ちょっと相談したいことがあるのですが。
W　ハイ、どのようなご相談でしょうか。
C　えーと、あのー……、これはどんなことでも相談していいのですか。
W　どんなことでもとおっしゃられますと……、内容によっては承ることが出来ないこともあります。こちらは働く方たちの精神的な悩みについてご相談にのる機関ですが、私たちでお役に立てることかどうかは、少しお聴きしてからでないと判断がつきかねます。とりあえずど

のようなことか、思いつくままで結構ですから、お話してみていただけないでしょうか。
C　あなたはお医者さんですか。
W　いいえ臨床心理士です。
C　お医者さんとどう違うのですか。病気のことはわかりますか。
W　精神科の病院に長いこと勤務していますので、ある程度のことはわかります。病院での臨床心理士の役割というのは、患者さんの悩みの背景に心理学的な要因があると思われる場合に、医師と協力しながら、問題の解決のお手伝いをしています。
C　そうですか。自分の今の状態はもしかすると病気なのではないかと不安になったものですから、ここへ電話すればわかるかなと思って……。
W　どんな状態なのか少し具体的にお話下さいますか。
C　えーと…なんか何をするのもおっくうで……。
W　何をするのもおっくうなんですか。気力が出てこないということなのでしょうか。
C　そうですね……。
　　会社に行っても仕事に身が入らなくて……今日も課長に注意されてしまいました。
W　そうですか。仕事に集中できないということなのでしょうか。そうした状態になられたのはいつ頃からですか。
C　……2か月いやもう少し前からかな……。
W　それ以前は今のようなことは無かったのですか。
C　ありません。……どちらかというと仕事が楽しくて仕方がなくて……課長からも「お前はやる気がある」っていつも褒められていました。
W　ということは、突然変わってしまったということですか。
C　そうですね。……。
W　その頃に、何か精神的なショックを受けたというようなことはあり

ませんでしたか。
C　特に思い当たることはありません。
W　そうですか。順調にいっている頃はかなりお仕事も忙しかったのでしょうね。
C　そうですね。次々と新しい仕事が入って来て、ともかく期限までに間に合わせなければいけないと毎日死に物狂いで仕事をしていました。
W　日曜日などのお休みは取れたのですか。
C　無理でしたね。毎日終電まで仕事をしても追いつかない状態でしたから、得意先が休みの日に、書類を作成するしかないという日々が続いていましたので、日曜日でも午後からは会社に出かけて仕事をしていました。
W　お休みも満足にとれないほど忙しい日々を過ごしておられたのですね。かなり無理をされていたかと思われますが、その辺の自覚はありましたか。
C　今ふりかえってみると、そう思うのですが、当時はそんなことは考えていませんでした。

　この後、当時の仕事についての説明が続く。仕事のつらさを語るというよりも、自分がいかに仕事に情熱を傾けていたかということを懐かしむような語り口であった。Wは特に口をはさまずに、Cの話を聴くことに努めた。

W　あなたが、とても仕事を大切に考えておられたことがよくわかりました。ところであなたのお名前をまだお聴きしていませんでしたね。私は鈴木という名前であることは最初にお伝えしたのですが、あなたのお名前がわかった方がお話をしやすいのですが、差し支えなければお聞かせいただけませんか。勿論、言いたくないというのであれば結構ですが。
C　別にいいですよ。そこらじゅうにある名前ですから。佐藤といいます。

W　佐藤さんですか。鈴木という私の名前の人も大勢いますけど。(笑い)でも、お名前を伺って少し話がしやすくなりました。ところで佐藤さん。ストレスという言葉を聴いたことがありますか。
C　エー言葉は知っています。

　ここから相談員は、今の佐藤氏の話から、彼が強いストレス状態のもとにあったと思われることを指摘し、ストレスというものについての概要を説明した。その上で、ストレスがもたらす身心の不調、症状対処法などについて説明をした。そして、佐藤氏の様子からすると、かなり仕事の上でのストレスがかかっており、それが精神的な不安定さをもたらしていると思われることを指摘した。さらに何か身体症状がないかを確かめた後、一度精神科もしくは心療内科を受診してみてはどうかと提案をした。じっと耳を傾けていた佐藤氏は、相談員の説明に時々うなずきながら、精神科と心療内科とはどう違うのか、それぞれがどのような治療をするのか、薬を飲むことに対しては、副作用が心配であるといった話をした。相談員は一つ一つの疑問や質問に丁寧に答えながら、医療と心理的ケアとの違いを説明し、佐藤氏には医学的なケアとともに心理的なケアも必要と思われること、それは電話相談のように1回きりではなく、継続的に話を聴いてもらえるようにすることが大切なことなどを説明した。はじめの内は医療機関を訪ねることに対する不安感と不信の念を示していた佐藤氏もやがて、自ら相談員の助言に従ってみることを表明し、受話器を置いた。

　このやりとりというのは、電話による「インテーク・ワーク」とでも言うべきものである。

　メンタル・ケアということに対応するには、まず相手がどのような状態にあるかということを正確に把握することが大事である。医療現場では、さまざまなやり方でそれに取り組んでいる。身体的な訴えについては、血液やレントゲン撮影などにより病理検査をすることでそれを確か

めようとする。そうすることで、医学の世界では「診立て」すなわち診断をすることになる。心理相談の領域でも心理検査などにより診断に結びつけようとすることはある。しかし、基本的には病理を診断をするための「診立て」をするのではなく、状態を見極めるための「見立て」をすることから始める。それはまず主訴を正確に把握し、そこに病的なものが含まれていないかを判断し、かつその人の自我の健康度（自我水準）を把握することに全力を尽くす。カウンセリング的な対応をすることが、その人が主訴としていることを解決する上で、意味あるものとなるかどうかを見極める作業である。自我水準が極端に低下している人に対しては、心理カウンセリングを用いることは当面控えざるをえない。重い鬱状態を見せる人や痴呆の症状が進んでいる人などには、カウンセリングは出来ないし、しない方がいいことを想定してみるといいだろう。その場合、面接相談であるならば、視覚的に得られる情報であるとか、先にも述べた心理テストなどを用いることが、その判断を助ける重要な手がかりとなる。だが、電話相談の場合は聴覚による情報だけであるから、「見立てる」と言っても容易ではない。しいてあげるならば、声の表情を見極める能力を高めることでしかないと思われる。

　ところで、熊本大学医学部教授の北村俊則氏（精神科医師）はアメリカの精神医学診断基準であるDSMを判断の基準として、①精神症状②身体症状③性格傾向④ストレス状況⑤機能障害の5項目の有無を聴き出し、それを組み合わせて「診立て」を行なおうとしている。DSMによる診断というものが、医学的な診立てを行なう上ではたして妥当な基準であるということになるのかという点では、いささか疑問があるのだが、単に勘を頼りにするのではない新しい診断技術を開発しようとしている試みであることは間違いない。そして、この5項目に関して把握するように努めることは、医師以外の人間にも可能な事であり、把握のし方によっては、医療に結びつけたり、カウンセリングへとつなげることも出

来て、1次予防的な役割をある程度担うことが出来ると思われる。相手の語る「眠れない」「落ちつかない」「不安でたまらない」などの精神症状、「目がかすむ」「胃が痛む」「生理が不順」といった身体症状、「いつもきちんとしていないといられない」「せっかちなところがある」「口下手で困っている」といった性格傾向、「毎日残業が続いている」「会社が倒産した」「夫婦仲がこじれている」といったストレス状況、「言葉がすぐに出てこない」「字を書こうとすると手が震えて書けない」などの機能障害。こうした語られる内容を漠然と聴いているのではなく、そうした訴えが組み合わされると、どのような病理がそこに出現していくと考えられるかを見極め、それを伝える事により、相手が専門機関を訪れようとする動機付けを図ることをする。こうした話の内容は、こちらからあえて質問しなくても、相手から語られてくる事がほとんどである。語られてこないものについては、こちらから問いかけて確かめればいいだけのことである。例え、顔が見えなくても、相手の語る話の内容をそれぞれの項目にあてはめていくことにより、現在の状態を判断することは出来る。ただし、その前提となるのは、DSMに記載されている内容について、きちんと把握しておくことが必要であるし、質問の仕方や言葉の用い方について相当吟味していくことも必要である。しかし、専門的な電話相談であることを標榜するのであれば、このような把握の仕方というのも参考にすべきであろう。要は、「働く人のメンタルヘルス（心の健康）のための電話相談」というのは、自己完結的に相談に応じるよりも、インテーク・ワーク的な対応をすることにより1次予防ないしは3次予防の役割を果すことが求められていると考えるべきなのであり、それが出来ないのであれば、あえて対象やメンタルヘルス的な問題を受ける、ということに的を絞った電話相談であることを標榜する必要はないと考えられる。

# 第2章　産業カウンセリング

## 1．産業カウンセリング

### (1)産業カウンセリングとは

働く人が、働く場で、人間らしく生きられるように、さまざまな問題について援助をするカウンセリングをいう。

### (2)産業カウンセリングの歴史

① 1900年の初め、アメリカでは急速に工業化が進み、生産性は高まったが、労働者は人間的な扱いを受けないまま、退職するという事態が頻発した
② 1908年頃、職業指導運動（パーソンズF.による）が始まった
③ 同じ頃、精神衛生運動（ビアーズC.W.による）が始まった
④ 1920年頃、実験（ホーソン工場）や調査（メーシー百貨店）などが行われ、従業員の不満の解消や心の治療が行われた
⑤ 日本では、1950年（昭和25年）頃からアメリカの人間関係管理法やカウンセリング技法が導入された
⑥ 1960年（昭和35年）に、第1回産業カウンセリング全国大会が開催され、1961年（昭和36年）に日本産業カウンセラー協会が設立された
⑦ 1971年（昭和46年）に、協会認定2級産業カウンセラー試験が開始された
⑧ 1984年（昭和59年）に、協会認定1級産業カウンセラー試験が開始された

⑨ 1992年（平成4年）に、この資格は労働省によって認可されたが、2001年（平成13年）厚生労働省は技能審査の認定を廃止し、現在は協会の認定資格となっている
⑩ 産業カウンセラーには、初級・中級・上級の3段階があり、それぞれの申請資格が厳密に定められている

なお、産業カウンセラーの資格を取得した後も、絶えざる研鑽が必要なので、能力向上学習支援システムが設けられている。

### (3)産業カウンセラーが援助する場

① 企業内相談室において、その企業で働く人（管理職・労働者）が対象である
② 企業外相談室において、委託された企業で働く人（管理職・労働者）が対象である
③ 企業外相談室において、誰でも・どのような内容でも相談対象になる
④ アクション・リサーチ（相談室へ来る人を対象にするだけではなく、相談室から出てコミュニティで発生した問題の解決に寄与する）

### (4)援助の方法

① 対面による援助
② 非対面による援助（電話相談・メール相談・手紙による相談など）

## 2．産業カウンセラーの仕事

産業カウンセラーの主な役割には、以下に述べる3つがある。

(1)キャリア・カウンセリング (career counseling)

　職業選択や経験の上昇・職場異動など具体的な目標達成に寄与することであり、職業生活への適応と発達・人間的な成長に重点が置かれ、問題の除去や治療が目的ではない。そのために、自己理解・職業理解・職業や進路選択・職場適応などのガイダンスと一体的に進められる。そこでは、パーソン・センタード・カウンセリングよりも、コンサルテーション（助言）・コーディネーション（調整）・エデュケーション（教育）などの機能が重視される。この役割を十分に果すためには、職業相談機関・企業の管理部門・研修機関などとの緊密な連携が必要になる。

(2)相談・メンタルヘルス

　現代社会は不安・ストレスに満ちているといわれる。物が豊かになり、便利になった一方で、心は貧しくなり、対人関係は希薄になった。職場は能率追及と生産性の向上が求められ、それは働く人の大きなストレス源となっている。職場での人間関係・きつすぎるノルマ・仕事への不適応・人事や処遇の不満・セクハラなどは、メンタルヘルスの崩壊に直接関わってくる。厚生労働省は昭和63年に「心とからだの健康づくり運動」というキャンペーンを打ち出した（Total Health Promotion）。それは、労働基準法第1条に「労働条件は、労働者が人たるに値する生活を営むための必要を充たすべき」と定め、労働安全衛生法は「快適な職場環境の形成を促進する」としている。この労働者の精神的健康の維持を目的とし、産業医などと協力して働くのが産業カウンセラーである。

(3)能力開発・自己啓発

　人は、①自分で知っている能力　②他人が知っていて自分は知らない能力　③自分も他人も知らない隠された能力、という3つの能力の側面をもっている。この3つが、比較的重なり合っている人は、安定してい

る。しかし、この3つが大きくズレている人は、不満や不安がいつもまつわりついている。そこで、正しい自己理解と、まだ日の目をみない自分の能力の気づきと、向上的な啓発努力によって新しい自己を形成していくという、3つの援助をするのが産業カウンセラーの仕事である。そこでは、情報提供・助言・技能訓練の紹介・自己啓発訓練の開催など、様々な援助の仕方がある。

### (4)具体的提案

以上、(1)～(3)に述べた内容を実現するためには、相談者個人への援助の他に、職場環境の改善への助言・人事労務システムへの助言・管理者や関連部門とのコミュニケーションなど、直接企業との接触が図られなければならない。
(「産業カウンセラーのすべてがわかる本」法学書院 2004 引用・参考)

## 3．産業カウンセラーの育成

### (1)産業カウンセラー養成講座の内容
 ① 理論講座48時間、実習81時間、ホームワーク
 ② 理論講座の内容：カウンセリング原理、カウンセリング理論、パーソナリティ理論、職場のメンタルヘルス、精神医学、傾聴の意義と技法、労働関係法令他
 ③ 実習の内容：グループワーク、ミニカウンセリング、逐語の作成、事例検討他
 ④ ホームワークの内容：自己理解・自己開示の為の作文、小論文、対話分析他

### (2)シニア産業カウンセラー講座の内容
 ① 理論講座96時間、事例検討36時間、逐語検討66時間

② 理論講座の内容：カウンセリング理論・方法、精神医学・ストレスと心身医学、キャリア・カウンセリング、職場のメンタルヘルス、産業組織心理学、リサーチ、職業倫理、教育指導、産業カウンセリング関連法令他

(3)電話相談員育成研修
① 受講対象者：産業カウンセラー資格取得後学習を継続している会員
② 理論講座44時間、実習40時間、ホームワーク
③ 理論講座の内容：電話相談の特質・限界、相談過程、パーソナリティ、メンタルヘルス相談、キャリア・カウンセリング、仕事に関する相談、セクハラ相談、DV、家庭に関する相談、精神病理、対人不安・緊張の相談、思春期の相談、アセスメント、連携、記録等
④ 実習の内容：ロールプレイ、ミニカウンセリング、グループ
⑤ ホームワーク：自己理解の為の作文、小論文、逐語検討、情報収集習熟訓練他

(4)関東支部相談室のカウンセラー
① 受講対象者：シニア産業カウンセラー受験資格取得者以上
② 理論講座41時間、実習150時間、面談の陪席、スーパーバイズを受けながら面接
③ 理論講座の内容：メンタルヘルス相談、キャリア・カウンセリング、仕事に関する相談、セクハラ相談、DV、家庭に関する相談、精神病理、対人不安・緊張の相談、思春期の相談、アセスメント、連携、記録等
④ 実習の内容：5回以上の継続カウンセリングとその逐語及び事

例の検討
⑤　ホームワーク：自己理解の為の作文、小論文、情報収集習熟訓練他
⑥　その他：面談の陪席、スーパーバイズを受けながらの面接体験、ボランティアで多くのカウンセリング経験を積む他

**(5) 産業カウンセラー及びシニア産業カウンセラーになるためには、認定試験がある**

「産業カウンセラーの育成」の部分の資料提供は、日本産業カウンセラー協会関東支部・東京相談室長：中台英子

## 第3章　クレーマーに対する対応

### はじめに

　「お客様・ユーザーの方を第一に考えなければならない」を経営テーマにしない企業はないと思われる。その上、1995年7月にＰＬ法（製造物責任法：product liability）も施行された。しかし、企業側では実際にその方向に進んでいるのだろうか。○○乳業・○○総合電機メーカー・○○自動車工業・○○大学病院・○○西日本など、枚挙にいとまがないほど、お客様・ユーザー無視の実態がある。それに対して、利用者の方でもまず電話で苦情を申し立てることが、それほど負担に思われないようになってきた。物品を購入（施設等を利用）し、不満足感を抱き、補償・取り換えなどを企業等に求める人を"クレーマー"という。クレーマーというと否定的イメージを与えそうであるが、クレーム（claim）とは、「苦情・異議申し立て・損害賠償請求・当然の権利の主張・事実の主張」といった意味である。そこには、「不当なイチャモン」という意味はない。しかし、ともすると、「無理難題・いいがかりをつける」と企業側はとらえがちで、ますます異議申し立て者と感情的な齟齬をきたしてしまうことになる。

　そこで、クレーマーに対する、主に電話による対応について述べていくことにする。

### 1．消費者の心理

　消費者行動（物品の購入・施設等の利用）は、単なる衝動的行動ではない。その背景には、次に述べるようなさまざまな要因があり、それら

のうちのどれかが満足できなかった場合にクレームになるのである。
① 環境的要因
　自然的・物理的環境（暑いと冷たい飲物が欲しくなる等）、企業的環境（TV の CM で見た等）、経済的環境（サイフの都合等）、社会的・文化的環境（皆が持っている等）、その他の環境（法律・条令等）
② 心理的要因
　欲求の程度（○○したいから等）、知覚の程度（関心のある物は目にとまる等）、学習の程度（取得した知識等）、その他の程度（意志決定力・価値観・信念・態度等）
③ 顕在的行動
　「行く→見る→尋ねる→触れる→確かめる→考える→決断する→買う」

　人が何かを買う（利用する）という顕在的行動には、潜在的に上記の過程がある。そして買った（利用した）後、自分の思った通りであったかどうかの確かめがある。その上で、不備・欠陥を見つけ、不満足感を抱いた時にクレームをつけるのである。

## 2．クレーマーの心理理解

　クレーマーに対して良い対応をするためには、発生した事態がユーザー（利用者）の期待していたこととは何が違ったのかを知ることだけではなく、その人が"今"どのような心理状態で電話をかけてきたのかを、正確に・適確に理解しなければならない。そのためには次のことを知っている必要がある。
① 基本的態度
　a．起こった出来事に対して、客観的に・事実関係をとらえることに努める

b．起こった出来事に関連して生じた感情に対して、共感的にかかわる
　② 理解の仕方
　　a．外側からの理解：知識・経験・対処の方法などを、一般論に照らし合わせて分かろうとする
　　b．内側からの理解：その当事者でなければ分からない、極めて主観的な事情や感情面を注意深く理解しようとする
　③ クレーマーの気持ち
　　a．①－aと、②－aで対応されると、クレーマーは「人間不在の、出来事を調べられた」という不満をもつだろう
　　b．①－bと、②－bで対応されると、クレーマーは「不満や困惑している私の気持ちを分かってもらえた」という満足感をもつだろう

　もちろん、③－bだけで良いと言っているのではない。起こった出来事に対して事実を冷静にとらえて対処しなければならないことは当然である。しかし、それだけでは不足だということである。事実と感情の両方に対応することがないと、ユーザーはクレーマーになるのである。いったんこじれた感情問題は、解消することが大変困難である。逆に、感情的に信頼できた企業に対してユーザーは、寛大な理解を示すものである。それだけではなく、「あそこはアフター・サービスの良い会社だ」と知り合いに宣伝してくれることもある。

## 3．禍い転じて福と為す

　自社製品の欠陥についてや、その使用法の説明文などについてのクレームはどのように考えたら良いのだろうか。
　① クレームをマイナスとみなさない（クレームに対する対応の仕方でその企業の姿勢が問われる。その企業に対する善意の忠告ととら

えるならば、これほどありがたい意見はない）
② クレームをその商品の用途説明文や商品開発のヒントととらえる（説明文を使用者の視点で説明しているか、それとも企業者側の視点で説明しているか。初めて使用する人が分かり易いように説明しているか、または良く知っている側の視点で当然知っているものという前提で説明しているか。もしも、説明文が分かり難いための誤使用で機器が破損したとするならば、それは企業側の責任の筈であり、その製品は売れなくなるだろう。それを指摘してくれたクレームはありがたい筈である）
③ 販売システムの見直しにつなげる（在庫数・配送システム・対応の仕方などを見直し、適正化をはかるならば、その企業のイメージは格段に上昇するだろう）
④ 社内コミュニケーションの改善をする（クレームをつけられた時は、一種の危機状況である。その時こそ、社内コミュニケーションの仕組みをチェックする絶好のチャンスである。トップ・ダウンだけか？　ボトム・アップのルートがあるか？　責任は個人に向けられて会社全体として取り組む姿勢が無いのか？　あるのか？　など）
⑤ 社長をはじめ社員一同の人格の成長にかかわる（発生した問題にどのようにかかわるかが、この問題を収束に近づけるか・ますます混乱させるかの分かれるところである。それぞれの立場・役割の違いを越えて一致団結して事にあたった後は、それぞれがお互いを信頼し・協働者として認め合える関係になるだろう。その経験は、その会社についてだけではなく、他者を信頼できるように発展していく筈である）
⑥ クレーマーの良い宣伝効果による販売促進が生ずる（マイナス・イメージをもってクレームをつけたユーザーが、良い対応をしてもらった時、企業側が依頼しなくとも、良いイメージを知人に話す筈

である。日常ありふれた経験と違う体験は、ニュース・バリューがあるからである。これこそ、禍い転じて福をもたらしたというべきである）

## 4．クレームが発生した時

① クレーム電話の対応
まず、"お詫び"の言葉から始める。これは、クレームの内容についてお詫びをするのではなく、クレームをつけるに至った不満や怒りをもった人に対するお詫びである。
② クレーム電話にでた人は、相手の話を最後まで聴く。言い訳や言い逃れをせずに聴く、安請合いやその場しのぎの言葉を発せずに聴く。不明の点は確かめながら最後まで聴く。逆質問や詰問の印象を与えないように聴く。"改善のための情報が欲しい"という姿勢を崩さないようにする。
③ 担当部署の責任者にクレームの内容を伝え、電話を代わってもらう。
④ 担当責任者は、役割と自分の名前を言い、より専門的立場から情報を得るように努める。
⑤ その時、説明はしても良いが、言い訳はしない。まして、「手引書の読み方・理解の仕方の聞違いが問題を生じた」などとは、決して言ってはいけない。なぜならば、誤解するような手引書の書き方が問題だからである。
⑥ 次に、電話だけで済ませないで、必ず現場へ行く。直接顔を見せることは、誠意を示すことになるからである。電話で指示し、「それでも不具合だったらもう一度電話を下さい」などは、論外である。「買わせる時はしつっこいが、売りっぱなしで後のケアがなっていない」と叱責されるのがおちである。

⑦　出会ったら、まず謝る。たとえユーザーの側に使用ミスがあったとしても、使用ミスを生じさせるような手引書の書き方をした企業が悪いと考えた方が良い。なぜならば、その製品を買った人は、その製品については素人なのだからである。だれでも理解できるような手引書の書き方をする責任が企業側にある筈である。

⑧　自社の損得を先に考えないことが大切である。会社中心の発想はユーザーを怒らせ、ユーザー中心の発想はユーザーの気持ちを和らげる。クレーム対応費は損金ばかりではない。「禍い転じて福」の所で述べたように、さまざまなメリットが会社に転がり込んで来る費用が含まれているのである。

⑨　"対応"と"対策"は違う。対応とは相手に応じてふさわしい行動をとることであり、対策とは生じた事柄に応じてふさわしい手段を講ずることである。そこに、ユーザー中心か会社中心かの違いがある。"クレーマー対策室"という名称は、それだけでユーザーの心証を悪くする。

⑩　十分なユーザー対応をした後で、今回の出来事の対策について説明をする。一回で完了しなかった場合は、進行状況を逐一報告する必要がある。中間報告があれば、ユーザーは待てる。

⑪　クレーム対応者の心のケアをする。ユーザーのクレームは、少なからず否定的・感情的である。そのような電話・面会に出会う担当者はトラウマ（心の傷）を受けていると思われる。そのトラウマを癒すのは、直属の上司でなければならない。しかし、ともするとその上司が、クレーム担当者の足を引っ張るようなことをしかねない。クレームを個人の責任にしないで、その企業全体の責任を一手に引き受けて、その企業のために最前線に出て働いた勇気ある社員という見方をすべきである。その視点で、クレーム対応者を評価し、サポートすべきであろう。

⑫　この責任追及よりも、関係者全員で原因を追及するという企業の取り組みは、再発防止につながり、クレームを生かすアイディアを生み出す。そればかりか、社員の結束と信頼関係の強化にもつながる。

⑬　笑顔で言われても、クレームはクレームである。詫び状と共に、製品や部品の交換はもちろん、ユーザーの不快感を和らげる意味で手土産的な品を届ける配慮も必要であろう。また、自社に責任がない場合は、詫び状の代わりに弁明状をつけることもあって良いと思われる。要は、実質的側面と感情的側面の誠意ある手当である。

⑭　クレームが発生する以前から、クレーム対応マニュアルを作成し、ロールプレイ（役割演技法）を行って、実際にクレームが発生した時にあわてて間違った対応をしないように準備しておくことが必要である。また、一度起こった事例を十分検討して、次回に生かす周到さが信用を高めることにつながると思う。

## 5．Y新聞投書欄から

好感もてたメーカーの対応

父親からもらった国内メーカーの腕時計のバンドが壊れた。一年ほど前にも壊れた状態で修理に出したことがある。父が購入して数年はたった時計だが、こう頻繁に壊れるのではバンドの強度に問題があるのかもしれないと思った。メーカーの「お客様相談室」に電話を掛け、事情を説明すると、着払いで郵送するように言われた。やがてメーカーから時計が届いたとの連絡があり、故障を見るのに2週間ほど掛かるという。2週間後には「もう少し時間が掛かる」と詫びの電話が入ったが、丁寧な言葉には誠意を感じた。その数日後、また電話があり、バンドの強度には問題はないものの、別の箇所に異常が見つかったという。「前回の修理時に見逃したものなので、メーカー側の責任です」と言って、メーカー側の負担でバンドを交換してくれた。素直に非を認めるメーカーの

態度には好感が持てた。修理より新品の購入を勧められることが多いが、消費者は必ずしも新しい物だけを求めているわけではない。メーカーは消費者の気持ちをくみ取ろうとする努力が大切だと思った。

不誠実な苦情処理にがく然

　（前略）近所のスーパーで買った牛乳に黒い虫が入っていたので、早速スーパーに持って行くと、後日調べて報告するとのことだった。約20日後、メーカーから電話があったものの、「調べたが、当方としてはあり得ない」と、こちらに問題があるかのような態度で私は怒りを感じて電話を切った。その30分後、スーパーの社員がわが家を訪れ、言い過ぎたことを謝罪し、再度調べて結果を報告すると約束して帰った。しかし、その後、連絡がないため、8月になってスーパーに電話すると、メーカーの責任者らが牛乳に入っていた羽アリの写真を持って来た。私は改めて怒りを感じた。こちらが催促しなければ、アリが混入していたことを連絡しないつもりだったのか。臭いものにはフタをするつもりだったのだろうか。世の中には、同じような事例がたくさんあるのではないかと感じた。

## 6．（例）H社における消費者対応部門担当者の研修内容

　消費者の商品知識の高まりや、一方では激しい価格競争におかれている現状の中で、消費者から真に満足して受け入れていただけるための企業努力が欠かせない。お客様と企業との双方向のコミュニケーション窓口（声の玄関）としての消費者相談は重要なマーケティング活動との認識である。この消費者相談の機能の中に、クレーム相談が入る。

　① 当社の基本理念
　② 当社における消費者部門の変遷と全社的位置づけ
　③ 消費者部門の役割と機能

④　消費者相談対応と情報の収集
　　ａ．消費者相談対応の考え方
　　ｂ．消費者相談の仕組みと実際
⑤　当社エコ・システム
　　ａ．相談窓口支援機能
　　ｂ．相談情報解析機能
　　ｃ．社内インフラ構築
⑥　消費者の声の反映と消費者視点での"よきモノづくり"への参画
　　ａ．消費者情報の活用
　　ｂ．企業活動への反映
　　ｃ．"よきモノづくり"への参画
　　ｄ．情報発信
　　ｃ．消費者視点とは
⑦　消費者部門における管理職の役割
⑧　消費者部門の今後の課題

　このような内容で、講義と実習（ロールプレイを含む）の研修を行っている。この部門で最初に直接消費者とかかわるのは、電話による場合がほとんどであり、そこでの対応の良し悪しがその後の両者の関係に大きく影響する。第一印象が大切なのである。

## おわりに

　産業界の認識は、"会社のモノを売る"から"会社のヒトがモノをヒトに売る"という認識に変わってきた。あくまでも、ヒトとヒトとのコミュニケーションなのである。通販やネット売買に苦情が多いのも、ヒトとヒトとの関係でなく、モノとヒトとの関係で終わらせているからであろう。クレーマーを味方にするか敵にまわすかは、担当者のクレーム理解の如何にかかっていると言っても過言ではない。

## 参 考 文 献

- 「クレーマー対応マニュアル」"苦情"を"信頼"に変え"ファン"「をつくる」
  （株）販売開発研究所編、清和会出版、1998年、7000円＋税
- 「ホテルオークラ（橋本流）クレーム対応術」橋本保雄著、大和出版、1998年、1400円＋税
- 「クレーム客を一生のお客さんにかえる法：実例と対応80」清水省三著、明日香出版社1998年、1300円＋税
- 「クレーム電話の正しい受けこたえ」田口和司・浦野啓子著、明日香出版社、1999年、1300円＋税
- 「電話の受け方・かけ方」小畑雪江著、生産性出版、1991年、777円＋税
- 「人間の心理と行動」岡村一成編、東京教学社、1999年、1900＋税

## 日本いのちの電話連盟加盟センター一覧

| | |
|---|---|
| 旭川いのちの電話 | ☎ (0166) 23−4343 |
| 北海道いのちの電話 | ☎ (011) 231−4343 |
| あおもりいのちの電話 | ☎ (0172) 33−7830 |
| 秋田いのちの電話 | ☎ (018) 865−4343 |
| 盛岡いのちの電話 | ☎ (019) 654−7575 |
| 仙台いのちの電話 | ☎ (022) 308−4343 |
| 山形いのちの電話 | ☎ (023) 645−4343 |
| 福島いのちの電話 | ☎ (024) 536−4343 |
| 新潟いのちの電話 | ☎ (025) 229−4343 |
| 長野いのちの電話 | ☎ (026) 223−4343 |
| 栃木いのちの電話 | ☎ (028) 643−7830 |
| 足利いのちの電話 | ☎ (0284) 44−0783 |
| 群馬いのちの電話 | ☎ (027) 221−0783 |
| 茨城いのちの電話 | ☎ (0298) 55−1000 |
| 水戸分室 | ☎ (029) 255−1000 |
| 千葉いのちの電話 | ☎ (043) 227−3900 |
| 埼玉いのちの電話 | ☎ (048) 645−4343 |
| 東京いのちの電話 | ☎ (03) 3264−4343 |
| 東京英語いのちの電話 | ☎ (03) 5774−0992 |
| 東京多摩いのちの電話 | ☎ (042) 327−4343 |
| 川崎いのちの電話 | ☎ (044) 733−4343 |
| 横浜いのちの電話 | ☎ (045) 335−4343 |
| ポルトガル語 | ☎ (045) 336−2488 |
| スペイン語 | ☎ (045) 336−2477 |
| 静岡いのちの電話 | ☎ (054) 272−4343 |
| 浜松いのちの電話 | ☎ (053) 473−6222 |

| | |
|---|---|
| 山梨いのちの電話 | ☎ (055) 221-4343 |
| 岐阜いのちの電話協会 | ☎ (058) 297-1122 |
| 愛知いのちの電話協会<br>名古屋いのちの電話 | ☎ (052) 971-4343 |
| 三重いのちの電話 | ☎ (059) 221-2525 |
| 京都いのちの電話 | ☎ (075) 864-4343 |
| 奈良いのちの電話協会 | ☎ (0742) 35-1000 |
| 和歌山いのちの電話 | ☎ (073) 424-5000 |
| 関西いのちの電話 | ☎ (06) 6309-1121 |
| 神戸いのちの電話 | ☎ (078) 371-4343 |
| はりまいのちの電話 | ☎ (0792) 22-4343 |
| 岡山いのちの電話協会 | ☎ (086) 245-4343 |
| 広島いのちの電話 | ☎ (082) 221-4343 |
| 島根いのちの電話 | ☎ (0852) 26-7575 |
| 鳥取いのちの電話 | ☎ (0857) 21-4343 |
| 香川いのちの電話協会 | ☎ (087) 833-7830 |
| 徳島いのちの電話 | ☎ (088) 623-0444 |
| 愛媛いのちの電話協会 | ☎ (089) 958-1111 |
| 高知いのちの電話協会 | ☎ (088) 824-6300 |
| 北九州いのちの電話 | ☎ (093) 671-4343 |
| 福岡いのちの電話 | ☎ (092) 741-4343 |
| 熊本いのちの電話 | ☎ (096) 353-4343 |
| 佐賀いのちの電話 | ☎ (0952) 34-4343 |
| 長崎いのちの電話 | ☎ (095) 842-4343 |
| 大分いのちの電話 | ☎ (097) 536-4343 |
| 鹿児島いのちの電話協会 | ☎ (099) 250-7000 |
| 沖縄いのちの電話 | ☎ (098) 868-8016 |

# あとがき

　最近の日本における自殺者の数は3万人を超え、これは昨年まで7年連続の傾向といわれている。また、自殺未遂者は、自殺者の10〜20倍もいるのではないかともいわれている。自殺を動機別で見ると、病苦・経済・生活問題で70％以上を占めている。また、インターネットを使った集団自殺も激増している。その他、いろいろの問題で悩んでいる人達も多い。そのような中で相談機関も多くあるとはいえ、事情によってはそこまで出掛けていくことが困難な場合もある。

　このような厳しい現実の中で死ぬしかないと思いつめた人達、または早く援助を得たいと考える人達は、当然まず身近の家族や知人に助けを求めるだろう。しかし、十分な理解や情報が得られない時、最後に頼ろうとするのが顔見知りではないが、良く話を聴き・情報を与えてくれる非対面援助の電話相談ではないだろうか。特に、最近発達してきたインターネットを使った相談は、気軽に利用されている。しかし、これらは非対面であるが故の危険性もある。

　面接という手段ではなく対面を避けて思いを語る利用者は、それだけ危機に瀕していると理解すべきであろう。そうすると、一時的な関心・善意による電話相談や、軽々にインターネット上に掲示板を設定することは避けるべきではないかと考える。そのような重いテーマに対応する相談員は、十分な訓練を受ける必要があると思うからである。

　他者援助を考える時、我田引水のようではあるが、以前に出版した「電話相談の実際」と、この「続・電話相談の実際」とを参考にして頂けたならば、編者としては大変嬉しい次第である。折角の善意を実のあるものとして頂きたいと、執筆者一同と共に願っている。

　　　平成17年11月1日

　　　　　　　　　　　　　　　　　　　　　　　　佐　藤　　　誠

［執筆者・監修者紹介］

**佐藤　誠**（さとう　まこと）　　　　　　　　第1部監修、第3部第2・3章担当

日本大学大学院文学研究科心理学専攻修士・博士課程修了。現東京神学大学、自由学園講師。
東京多摩いのちの電話の運営委員、研修スタッフで、電話相談員の研修を担当。他に、私立自由学園のスクール・カウンセラー、NPO法人「こころとふくしの研究所」カウンセラーなど幅広く活躍中。
　主な著書に、『家族心理学入門』（共著）培風館、『心の危機をとらえる20講』（共著）学陽書房、『心の健康トゥデイ』（編著）啓明出版、『子どものいじめ─対応と対策』（共著）双文社、『心理療法』啓明出版、臨床心理学シリーズ④、「臨床心理面接演習」培風館、「電話相談の実際」双文社など。


**髙塚　雄介**（たかつか　ゆうすけ）　　　　　　　　　　　　　　第3部監修

中央大学文学部教育学専攻卒。臨床心理士。早稲田大学総合健康教育相談センター心理専門相談員を経て、現在、常磐大学コミュニティ振興学部助教授。早稲田大学講師、専修大学講師、精神科クリニック臨床心理士等を兼務。
東京都子どもの権利擁護委員、日本精神衛生学会理事長、日本電話相談学会常任理事、日本学校メンタルヘルス学会運営委員等。東京多摩いのちの電話運営委員。前研修委員長。
　主な著書に、『人間理解と看護の心理学』三和書籍、「学校メンタルヘルス実践事典』（編著）日本図書センター、『人間関係と心の健康』（編著）金剛出版、『学校社会とカウンセリング』（編著）学文社、『ひきこもる心理とじこもる理由』学陽書房、「電話相談の実際」双文社ほか。


**福山　清蔵**（ふくやま　せいぞう）　　　　　　　　　　　　　　第2部監修

立教大学文学研究科教育学専攻修士課程修了。東京都児童相談センター、日本女子大学児童研究所を経て、現在立教大学コミュニティ福祉学部教授。
日本電話相談学会の編集委員を務めるなど、電話相談との関わりは深い。東京いのちの電話理事で、訓練委員長。
　主な著書に、『お母さんはカウンセラー』日精研、『入門カウンセリング・ワークブック』日精研、『カウンセリング学習のためのグループワーク』日精研、『臨床心理学』日本文化科学社、『電話による援助活動』学事出版、「電話相談の実際」双文社など。

[担当執筆者一覧]

小野　良子（おの　よしこ）立川市立適応指導教室おおぞら、生活指導員。臨床心理士。
　　　第1部…第1章（1）（4）、第2章（1）（2）（3）、第3章（2）担当

海野　千細（うんの　ちかし）八王子市教育センター総合教育相談室、室長。
　　　第1部…第3章（4）担当

花山美奈子（はなやま　みなこ）調布市子ども家庭支援センターすこやか、施設長。臨床心理士。
　　　第1部…第1章（2）（3）、第3章（1）（3）（5）担当

黒田　律子（くろだ　りつこ）公立学校スクールカウンセラー、臨床心理士。
　　　第1部…第1章（4）担当

鳥越　淳一（とりごえ　じゅんいち）公立学校スクールカウンセラー、臨床心理士。
　　　第1部…第3章（6）担当

粕谷　涼子（かすや　りょうこ）瑞穂町教育相談室教育相談員
　　　第1部…第3章（1）担当

阿部　愛子（あべ　あいこ）特定非営利活動法人「海から海へ」（こころとふくしの研究所）カウンセラー。山梨県スクールカウンセラー。第1部…第4章担当

向井　澄江（むかい　すみえ）「たんぽぽ」賛助会員、認定心理士。

黒木まゆみ（くろき　まゆみ）「たんぽぽ」創立メンバー、精神障害者共同作業所所長。精神保健福祉士。
　　　第2部…第1章（1）担当

林　　敦子（はやし　あつこ）神奈川県精神科救急情報窓口非常勤相談員。新宿区教育研究調査員、小学校スクールカウンセラー。
　　　第2部…第1章（2）担当

佐藤　信子（さとう　のぶこ）元富士見市社会教育指導員、元富士見市社会福祉協議会ボランティア・コーディネーター、「K会」の立ち上げに貢献
　　　第2部…第2章（1）担当

岡橋　文栄（おかはし　ふみえ）元女性センター相談担当係長
　　　第2部…第2章（2）担当

続 電話相談の実際 各論編

平成17年11月１日　第１版発行

| 著　者 | 佐藤　誠・髙塚雄介・福山清蔵 |
|---|---|
| 発行者 | 伏原　功 |
| 発　行 | 株式会社　双文社 |
| | 〒104－0061　東京都中央区銀座１－13－７ |
| | 電　話　03－3561－8391（営業部） |
| | ＦＡＸ　03－3561－7481 |
| 印　刷 | 高橋印刷株式会社 |

ISBN4-915477-27-4　Printed in Japan
（本体価格：カバーに表示してあります）